# 铁托传奇

杨元恪 编著

当代世界出版社
·北京·

## 图书在版编目（CIP）数据

铁托传奇/杨元恪编著. —北京：当代世界出版社，2013.5
ISBN 978-7-5090-0883-6

Ⅰ.①铁… Ⅱ.①杨… Ⅲ.①铁托，J.B.（1892～1980）—传记
Ⅳ.①K835.437=5

中国版本图书馆 CIP 数据核字（2013）第 003872 号

| | |
|---|---|
| 书　　名： | 铁托传奇 |
| 作　　者： | 杨元恪 |
| 责任编辑： | 贾丽红　郭国英 |
| 出版发行： | 当代世界出版社 |
| 地　　址： | 北京市复兴路 4 号（100860） |
| 网　　址： | http://www.worldpress.org.cn |
| 编务电话： | （010）83907332 |
| 发行电话： | （010）83908409 |
| | （010）83908455 |
| | （010）83908377 |
| | （010）83908423（邮购） |
| | （010）83908410（传真） |
| 经　　销： | 全国新华书店 |
| 印　　刷： | 北京天正元印务有限公司 |
| 开　　本： | 710 毫米×1000 毫米　1/16 |
| 印　　张： | 13.25 |
| 字　　数： | 186 千字 |
| 版　　次： | 2013 年 5 月第 1 版 |
| 印　　次： | 2013 年 5 月第 1 次印刷 |
| 书　　号： | ISBN 978-7-5090-0883-6 |
| 定　　价： | 28.00 元 |

如发现印装质量问题，请与承印厂联系调换。
版权所有，翻印必究；未经许可，不得转载！

# 前　言

约瑟普·布罗兹·铁托，前南斯拉夫社会主义联邦共和国总统，前南斯拉夫共产主义者联盟主席，前南斯拉夫人民军最高统帅。铁托这个名字对中国年纪大些的人来说并不陌生，因为1948年他曾因同斯大林发生冲突而被打成"马列叛徒""帝国主义代理人"；因为他曾以南斯拉夫社会主义联邦共和国总统身份于1977年8月访问中国，在天安门前受到数万群众夹道欢迎；因为中国在改革开放初期曾掀起借鉴南斯拉夫经验的热潮；因为《铁托选集》中文版四卷本（百万余字）于1980年在中国出版发行。

铁托是写入南斯拉夫宪法的"终身总统"、南斯拉夫共产主义者联盟代表大会选举产生的"无任期限制"的主席。他于1980年5月4日与世长辞，享年88岁。

铁托是克罗地亚族人。他在生前没有留下把遗体葬在故乡的遗嘱，而是要求把他葬在贝尔格莱德他曾居住了数十年的总统官邸花房中。当年墓地对外开放后，南斯拉夫民众天天风雨无阻地排着长长的队伍到铁托墓前瞻仰。据统计，从墓地开放之日至铁托逝世三周年，瞻仰者达600多万人。上世纪90年代初，南斯拉夫国内动荡不定，瞻仰铁托墓者也稀少了，但近年来，瞻仰者又明显增多。

南斯拉夫社会主义联邦共和国国内各民族间历史上矛盾错综复杂，根深蒂固。铁托于1941年团结这些民族的人民共同抵抗并打败法西斯侵略者，解放了南斯拉夫，按民族平等原则于1945年建立了南斯拉夫社会主

义大家庭。无疑，只有铁托这个绝对权威才能把南各民族拢在一起，共建美好未来。他深知，在其身后没有一个人能接替他来驾驭这个共同体，因此，到晚年时他做出这样费尽心思的安排：南斯拉夫国内6个共和国和2个自治省各自选出一位代表本民族的领导人，组成联邦主席团作为"集体总统"制的机构，8名联邦主席团委员轮流担任主席团主席（总统），一年一轮换。铁托告诫大家说，这是"唯一的出路"。这个"轮流坐庄"的模式在铁托去世后维系了数年，南斯拉夫政坛最终还是发生了"强烈地震"。上层领导矛盾白热化，在联邦会议讨论如何摆脱国家危机时，代表本民族利益的政治领导人和代表不同政治观点的政党领袖各自提出有利于本民族的方案，互不妥协让步。他们互相责骂对方搞民族主义，旧恨新仇尽情发泄，老账新账一起清算，而"坐庄"总统则束手无策。他们虽然对铁托执政时期处理民族关系的政策有争议，但无人公开指责铁托，无人全盘否定铁托。

1991年春天，当南斯拉夫国家濒临分裂时刻，塞尔维亚一激进党领导人宣称，铁托是克罗地亚族人，不能容忍其葬于塞尔维亚，扬言要捣毁铁托墓。此事引发很大的社会震动。时任联邦安全机关的领导人指出这种行为是违法的，并加强了铁托墓区的警戒。当年5月9日，在纪念世界反法西斯战争胜利46周年之际，南斯拉夫人民军和老战士协会代表团向铁托墓敬献花束，并在留言薄上写道："我国各族人民的斗争以及您在第二次世界大战中作为一位最伟大的战略家和军事统帅所起的作用，将成为人类自由和尊严战胜邪恶势力的伟大榜样，永载史册。"这场"捣墓"闹剧极不得人心，最终未能得逞。

南斯拉夫各共和国、各民族之间的矛盾冲突从唇枪舌剑发展到动用真枪真炮，它们之间爆发了一场人员伤亡惨重和物质损失巨大的内战，最终导致一个国家分成6个独立的小国，即克罗地亚共和国、斯洛文尼亚共和国、波黑共和国、马其顿共和国、黑山共和国和塞尔维亚共和国，原执政党南斯拉夫共产主义者联盟也自行解体。

铁托是一位传奇式的政治领袖，他的一生是传奇的一生。

铁托出生于贫苦农民家庭，只有小学文化程度，15岁当工人，18岁投身于工人运动，20岁被迫在奥匈帝国军队服役（当时克罗地亚隶属于奥匈帝国）。一战中他成为俄军俘虏，被押往俄国，在那里度过了5年颠沛流离的生活。他目睹了十月革命的胜利，加入了俘虏营中的国际红色纵队，接受了俄国革命者的思想，研读了马列著作，坚定了共产主义信念。

1920年，铁托回国后立即加入刚成立一年的南斯拉夫共产党，积极从事党的地下工作。他曾被捕入狱，坐牢5年。出狱后他更加努力地为党工作，为南共的事业而斗争，凸显出非凡的组织能力和领导才干。1937年，铁托出任南斯拉夫共产党总书记。

1941年，当德国法西斯入侵南斯拉夫时，唯有以铁托为首的南斯拉夫共产党率领南斯拉夫各族人民奋起抵抗侵略者。铁托在战争中表现出超人的勇敢机智和无比的坚强意志。当战斗危急时，身为总司令的铁托会冲锋在前，撤退在后。铁托曾两次受伤，多次被敌人死死地围困，有时甚至和敌人相距仅百余米，但他总是临危不惧，冷静地指挥部队突围。战争中铁托展现出非凡的军事指挥才干，在敌强我弱的态势下，铁托坚持打游击战和运动战，不打阵地战，一次次地粉碎敌军的围剿，不断地开辟新战场，不断壮大自己的队伍，从而在南斯拉夫战场上牵制了数十万敌军。在游击战争的发展过程中，铁托始终致力于军队的建设，使南斯拉夫武装力量在战争后期成长为一支成熟的、强大的正规军。在战争后期，铁托统帅80万大军，向驻在南斯拉夫的数十万德军发起总攻，铁托在这场空前的大战役中，指挥若定。在55天的歼灭战中，击毙敌军近10万人，俘虏敌军20多万人，活捉德军西南线司令李尔，彻底消灭了南斯拉夫战场上的德军，解放了全南斯拉夫，为世界反法西斯战争的胜利做出了重大贡献。

一个不为人知的地下共产党领导欧洲一个弱小国家的人民，居然爆发出震撼巴尔干乃至全世界的巨大能量，令世人难以置信，令世人刮目相看，令同盟国敬佩不已，令希特勒暴跳如雷。

苏联最高苏维埃主席团曾授予铁托"胜利勋章"，以表彰他"在指挥大规模战役中的特殊功绩，这些战役有助于盟军战胜希特勒德国"。斯大

林1944年2月致电铁托称："兄弟的南斯拉夫各族人民和他们的光荣的人民解放军反对德国侵略者的英勇斗争，激起苏联人民的深深钦佩，成为激励欧洲一切被奴役人民的榜样。"英国首相丘吉尔曾说："一位伟大的新战士登上了舞台，铁托元帅的游击队向德国人发起殊死的激战。"蒙哥马利元帅称铁托是"一位伟大的军事家和政治领导人"，并说"铁托确实是一位伟人"。

希特勒气急败坏地叫嚷："铁托是巴尔干的头号问题。""活捉铁托，把他押到我这里来，我倒要看看他是什么样子。""我们要向他行最高军礼——枪毙他。"

中国人钦佩铁托，情有独钟。上世纪40年代，在东方毛泽东领导中国人民发动游击战争抗击日本侵略者，在西方铁托领导南斯拉夫人民发动游击战争抗击德国侵略者，两者在英勇顽强的斗争方面，在机动灵活的游击战术方面，极其相似。看过南斯拉夫战争影片《瓦尔特保卫萨拉热窝》《桥》的中国人无不对南斯拉夫游击队感到敬佩和亲切，至今仍记忆犹新。影片中的那些场面使人们想起中国游击健儿的战歌："我们爬飞车那个搞机枪，闯火车那个炸桥梁，就像钢刀插入敌胸膛，打得鬼子魂飞胆丧。"真可谓异曲同工。

中国革命有三大法宝：统一战线、武装斗争、党的建设。

铁托说南斯拉夫反法西斯武装斗争有三大要素：人民军队（军队中的党建）、人民政权和人民阵线。

两者的革命战略思想又何其相似。

铁托在世界共运中最先起来反对大国主义、大党主义，主张各国各党都应独立自主；最先发出不应盲从大国指挥、不应照搬外国模式、而应根据本国条件走自己的发展道路的最强音。就因为铁托对斯大林说个"不"字，1948年，苏联发动共产党情报局通过决议，把铁托打成"马列叛徒"、"美帝代理人"，号召南斯拉夫人民推翻铁托领导。铁托顶住高压，坚持独立自主，探索并开拓适合本国国情的社会主义道路。南斯拉夫经济的发展速度曾一度名列世界前茅，人民生活水平显著提高，这与当年苏联东欧国家僵化的经济模式相比，宛如绽开的一朵红花。

中国人民对苏联大国沙文主义深有体会，赫鲁晓夫对中国指手划脚，肆意撕毁两国协定，单方面撤走专家等行径使中国深受其害，这与当年斯大林对南斯拉夫的做法，如出一辙。

1975年，毛泽东主席在会见到访的南斯拉夫联邦总理比耶迪奇时说，铁托不怕压迫，像铁一样坚强。毛主席用这个十分形象、贴切而又十分深刻的比喻，赞扬了铁托的不屈精神。与此同时，南斯拉夫媒体释放出铁托敬佩中国革命、铁托足迹已踏遍世界各地唯独未到过中国的信号。由于种种原因，铁托访华未能早些实现。到1977年8月铁托访华时，毛主席已离世。当铁托瞻仰毛主席遗容时，作者看到他的表情十分凝重。两位领袖生前未能会晤，实为憾事。

铁托创导了不结盟运动，在国际事务中发挥了积极而重要的作用，成为世界舞台上的风云人物。

1980年5月8日，来自世界五大洲126个国家的208个政府和政党代表团参加了在贝尔格莱德举行的铁托葬礼，这样高规格的葬礼古今中外若不是绝无仅有，也是极为罕见。

那个感人的葬礼场面告诉人们：

铁托的朋友真是遍天下，

铁托属于全世界，

铁托的芳名将永远留在世界各国人民的记忆中。

本书不是对铁托功与过的全面评价（作者没有资格这样做），不是经典式的名人传记，也不是全面记述铁托和南斯拉夫经历的所有事件和实行的全部内外政策的史书。本书是从丰富的历史资料中，收集铁托的精辟思想言论和精彩实践活动，用来讲述铁托这位历史伟人的"铁"的传奇故事。

在编写过程中，作者在保证历史资料真实性的前提下，力求使本书既具有故事情节的生动性，又具有历史读物的知识性，希望有更多的读者喜欢它。

# 目　　录

前　言 …………………………………………………………… (1)

## 成长篇
——从放牛娃到南斯拉夫共产党总书记 ………………… (1)
 一、出身贫苦，铸就了敢拼敢闯的铁汉子 ……………… (3)
 二、积极投身工人运动，为反对不公正的社会而斗争 …… (5)
 三、被迫在奥匈帝国军队服役，战争中被俄军俘虏 ……… (6)
 四、在俄国历经磨难，目睹十月革命胜利 ……………… (7)
 五、加入南共，积极从事地下工作 ……………………… (9)
 六、五年狱中生活，革命活动未止 ……………………… (13)
 七、冒险偷越国界，与在国外的党中央取得联系 ……… (15)
 八、化名"瓦尔特"，在共产国际工作 ………………… (17)
 九、当选南共总书记，"新官上任三把火" ……………… (18)

## 反法西斯战争篇
——领导南斯拉夫共产党，团结南斯拉夫各族人民，英勇抗击并打败法西斯侵略者 ………………………………… (25)
 一、当德国法西斯入侵南斯拉夫时，南共是反对侵略者的唯一抵抗力量 …………………………………………… (27)

二、南共发动人民在敌占区掀起破坏和袭击活动 …………（30）
三、铁托提出开展游击战的完整思想 ………………………（33）
四、铁托和游击队总司令部转移到山区 ……………………（35）
五、激战中铁托奋不顾身，化险为夷 ………………………（37）
六、武装起义队伍不断壮大，节节胜利 ……………………（39）
七、铁托游击队谱写了"长征"史诗 …………………………（42）
八、兵临城下的运动会 …………………………………………（43）
九、在战争的头20个月里，铁托游击队未得到同盟国任何
　　物质援助 ……………………………………………………（45）
十、南斯拉夫战场上两大决定性战役——奈雷特瓦战役和
　　苏捷斯卡战役 ………………………………………………（46）
十一、希特勒欲"瓮中捉鳖"，铁托施展"金蝉脱壳" ………（52）
十二、人民军队、人民政权、人民阵线——解放战争中的三大
　　　要素 ………………………………………………………（54）
十三、铁托在催人泪下的阅兵式上发表感人肺腑的讲话 …（60）
十四、为彻底打败希特勒和解放南斯拉夫而发起总攻 ……（62）
十五、南斯拉夫人民为世界反法西斯战争胜利作出重大贡献和
　　　巨大牺牲 …………………………………………………（63）
十六、敌军对铁托游击队的无奈感叹 ………………………（65）
十七、同盟国领导人和媒体对铁托和南斯拉夫人民英勇斗争的
　　　高度评价 …………………………………………………（67）
十八、铁托对南斯拉夫人民解放战争的深邃回眸 …………（68）

## 南苏冲突篇

——国际共运中最先起来反对苏联大国大党主义，要求
　　各国各党独立与平等，不屈服于任何压力 ……………（73）
一、铁托与苏共分歧由来已久 ………………………………（75）

二、南苏关系摩擦频频，互相指责，斯大林语气强硬，铁托
　　毫不示软 ………………………………………………（76）

三、共产党情报局邀南共代表与会讨论南共问题，遭南共
　　断然拒绝 ………………………………………………（81）

四、共产党情报局通过《关于南斯拉夫共产党状况的决议》……（82）

五、铁托成功地利用南共五大抵抗苏共的政治压力 …………（84）

六、针对苏联的颠覆活动，南斯拉夫安全机关严厉镇压
　　"情报局分子" …………………………………………（86）

七、南苏两国大打外交战，互指对方唆使侨民从事反政府
　　活动 ……………………………………………………（86）

八、苏联进一步向南斯拉夫施压，铁托更加顽强地
　　顶住 ……………………………………………………（87）

九、后斯大林时期，南苏关系回暖，但基本矛盾依旧，
　　斗争时有发生 …………………………………………（92）

## 社会主义建设篇

——最先提出不应照搬外国经验，而应根据本国条件
　　走自己的社会主义发展道路 …………………………（99）

一、战后恢复经济和安置生活，实行国有化和土地改革，
　　为社会主义建设打下基础 ……………………………（101）

二、最先提出建设社会主义不应照搬外国经验，
　　而应根据本国条件走自己的发展道路 ………………（102）

三、大胆探索南斯拉夫独特的社会主义发展道路，建立并不断
　　完善社会主义自治制度 ………………………………（104）

四、铁托关于马列主义和南斯拉夫实践的一些论述 …………（109）

五、经济发展速度惊人，人民生活改善显著，犹如苏联僵化
　　经济模式田野旁的一朵红花 …………………………（112）

六、"一切努力都是为了不断改善全国人民的生活条件" ……（114）

　　七、对外开放的一个大胆举措——向外国旅游者开放边境……（116）
　　八、南斯拉夫人过着比苏联人更现代化、更繁荣的生活………（117）
　　九、坚持社会主义，坚决反对把南斯拉夫引向资产阶级
　　　　民主化的道路……………………………………………………（120）

## 国内民族关系篇
　　——为南斯拉夫各民族平等和共同繁荣而鞠躬尽瘁…………（125）
　　一、错综复杂的民族构成，长期积累的历史怨仇………………（127）
　　二、铁托的民族理论和民族政策…………………………………（129）
　　三、南斯拉夫建国后实行的具体民族政策………………………（132）
　　四、不遗余力地维护民族团结，坚持不懈地同民族主义
　　　　作斗争……………………………………………………………（138）
　　五、铁托的"妙方"无法化解民族间的矛盾……………………（142）

## 国际关系篇
　　——坚持独立自主的外交政策，创导不结盟运动，反对
　　　　一切形式的统治和霸权主义，维护世界和平……………（147）
　　一、战后南斯拉夫对外关系经历几个大转变……………………（149）
　　二、南斯拉夫的外交政策和外交活动……………………………（151）
　　三、铁托与不结盟运动……………………………………………（155）

## 与中国关系篇
　　——有过相似的历史遭遇和一样的英勇斗争，也有过阴雨
　　　　绵绵的相互关系，雨过天晴，友谊倍加深厚与珍贵……（161）
　　一、早年的中南两党关系…………………………………………（163）
　　二、中共批判南共联盟新纲领，两党两国交恶长达十年………（164）

三、苏联武装入侵捷克斯洛伐克，中南两国都坚决反对苏联霸权主义 …………………………………………………… (166)

四、毛泽东主席说铁托不怕压迫，像铁一样坚强 …………… (167)

五、铁托访问中国和华国锋访问南斯拉夫——两个社会主义国家最高领导人第一次接触 ………………………… (168)

六、中国在改革开放初期掀起借鉴南斯拉夫经验的热潮 …… (176)

## 工作生活婚姻家庭篇

——见闻与印象拾零 ……………………………………… (177)

一、独特的国务活动方式 ………………………………… (179)

二、工作作风和生活习惯 ………………………………… (182)

三、婚姻和家庭 …………………………………………… (184)

四、官邸和别墅 …………………………………………… (185)

五、兴趣和爱好 …………………………………………… (187)

## 与病魔抗争篇

——钢铁元帅为了全民族利益坚强地接受截肢手术 ……… (189)

## 葬礼篇

——来自126个国家的208个代表团参加了铁托葬礼 …… (193)

## 后　记 ……………………………………………………… (198)

# 成长篇

## ——从放牛娃到南斯拉夫共产党总书记

## 一、出身贫苦，铸就了敢拼敢闯的铁汉子

1892年5月7日，约瑟普·布罗兹·铁托出生在克罗地亚的扎果列区库姆洛瓦茨村的一个贫苦农民家庭。铁托的父亲是克罗地亚族人，母亲是斯洛文尼亚族人。铁托的父母总共生下了15个孩子，铁托排行老七。在这15个孩子当中有8个幼小时便夭折了。据说，当地农民家庭出生率很高而成活率极低的现象十分普遍，有80%的儿童活不到15岁，可见这个地区的农村是多么贫穷落后。当年这一地区传染病肆虐，主要是白喉病，死亡率极高。铁托小时也曾染上了白喉病，濒临死亡，但他却奇迹般地活了下来。

克罗地亚位于巴尔干半岛东北部。大约公元10世纪，克罗地亚国曾处于鼎盛时代，后来遭异族攻陷而衰落。在漫长的岁月里，克罗地亚人民饱受外来统治带来的无穷灾难，克罗地亚人民始终进行着英勇顽强的斗争。1573年爆发的农民起义席卷了克罗地亚和斯洛文尼亚地区，给外来统治者以沉重打击。这次农民起义失败后，数千农民起义军战士惨遭屠杀。外国占领者强迫起义领袖马蒂亚·古贝茨坐在一把烧得通红的铁椅上，又把烧得通红的铁制"王冠"扣在他头上，把他活活烧死。铁托祖辈们前赴后继，英勇反抗统治者而惨遭屠杀的可歌可泣的悲壮诗篇，对血气方刚的铁托产生了强烈的震撼和深远的影响。

1867年奥匈帝国建立后，克罗地亚受奥匈帝国的统治，直至1918年第一次世界大战后奥匈帝国崩溃。克罗地亚在奥匈帝国中是最不发达地区，社会结构基础是农民，占克罗地亚总人口的70%—90%。绝大部分农民是贫苦农民，他们几乎没有任何政治权利。奥匈帝国的野蛮压迫和残酷剥削，使克罗地亚人民生活日益贫困。奥匈帝国对克罗地亚农民的苛捐杂税，使这一地区农民不堪重负。铁托的父亲和其他许多农民一样，在小块土地上辛勤耕作，难以维持一家众多人口的生计。当地的儿童极少上学，

一般从七八岁起就帮助父母干农活。铁托父母算是比较开明的农民，艰难地供儿子读完小学。铁托12岁那年，开始自己谋生，到斯洛文尼亚的舅舅家当放牛娃。舅舅付给的劳动报酬仅仅是给他一口饭吃，铁托很不满意，认为舅舅是个吝啬鬼，不久就离开了舅舅家。

15岁那年，铁托远走到西沙克市一位亲戚开的餐馆当招待员。听伙伴们说，学锁匠的手艺最有前途，因为那是一门"深奥的工程学"，这个行业的工程师能造轮船，能筑铁路，等等。这番话打动了铁托的心，于是他便来到西沙克市里一位名叫卡拉斯的锁匠开的一家工场当徒工。这家工场规模很小，厂房设在地下室，场里只有两名工匠和三四名学徒。工人们冬天挤在一张大桌上睡觉，夏天就到院子里的马棚和草垛上过夜，每天早上6点上班，晚上6点下班。工场里先后来过两位工匠干活，虽时间都不长，但他们对年纪很小的铁托产生了很大的影响。一位工匠告诉铁托，五一国际劳动节是我们工人的节日，要好好地庆祝。铁托第一次知道工人有自己的节日，并从这位师父那里得知了有关工人斗争的许多道理。另一位工匠常同一些印刷工人在一起开会。铁托留心观察，其中的"奥妙"也能猜出几分。这位师父身上的强烈斗争精神，给铁托留下深刻印象。铁托从他那里得到有关工人运动的小册子。

令铁托喜出望外的是，他在工场学手艺的同时，有机会到徒工夜校上文化课，每周两个晚上上课。夜校的文化课激发了铁托对读书的浓厚兴趣。用他自己的话说：见书就读。为了读更多的书，铁托把他自己在业余时间为邻居修锁挣的零钱，都省下来买书。由于每天工作12小时，铁托总是觉得业余读书的时间不够。有一次，铁托利用上工时间师父外出的机会，一边干活，一边拿起书来大声朗读，好让工友们共享。由于精力分散，铁托把车床上的一把新刀折断了。师父回来见状，火气冲天，打了铁托一耳光。铁托一气之下跑到郊外一家砖瓦厂躲了起来。宪兵队巡逻时发现了他，把他抓走。卡拉斯师父对铁托很疼爱，对他工作努力、学艺进步感到满意，因而原谅了铁托的过错，把他从宪兵站领回来。不久，铁托成为一名手艺不错的锁匠。

## 二、积极投身工人运动，为反对不公正的社会而斗争

19世纪末20世纪初，克罗地亚以及巴尔干半岛上的各国工人群众反对资产阶级剥削、争取改善工作状况的斗争风起云涌。

出于对"外面世界"的向往，在工场学徒期满后，铁托于1910年告别了恩师卡拉斯，来到了克罗地亚第一大城市萨格勒布，到了一家比卡拉斯工场大些、名叫哈里曼纳的工场干活。上了几天班后，铁托来到了坐落在萨格勒布市一条大街上的"工人之家"，走进五金工人工会办公室，加入了工会组织。几天后，铁托又加入了克罗地亚社会民主党。1910年10月，铁托高兴地领到了克罗地亚社会民主党的党证和党章。

在萨格勒布工作的几个月里，每天工作之余，铁托都到"工人之家"去，或者读书，或者与工友们交谈。一天，铁托与工友们集合起来，举着红旗和火炬，走上街头进行示威。他们高呼维护工人权利的口号，高呼反对效忠于奥匈帝国的克罗地亚总督迫害工人的口号，高呼要求增加工资、要求发放失业救济金等口号。游行队伍遭到警察的阻拦、棍打和驱散。铁托的政治活动从此开始。

过了一些时间，铁托离开哈里曼纳工场，回家探亲，并且想在离家乡近些的地方找工作。他走了好几家工场，都找不到工作，于是决定去的里雅斯特港。该港是位于斯洛文尼亚和意大利交界处的一个大港。铁托身上的钱不够买火车票，只好步行，不到百公里的路程，花了3天才到达目的地。铁托是工会会员，只得从当地工会组织那里领到微薄的失业救济金维持生活。十多天后，铁托仍然没有找到工作，于是又回到萨格勒布市，终于找到了一家修理各种车辆的工场干活。到了这里，铁托又参加了当地工会组织的反对生活费用高昂、反对当局增加军费开支的游行，抗议队伍高举的横幅上写着："克罗地亚工人比英国工人少吃五分之四的肉"等等。这一次，铁托不仅参加游行，而且和一些工会干部去到各工厂进行动员和组织罢工的工作。

◎成长篇

20岁那年,铁托出于好奇,更是为了开阔眼界,想看看发达国家大型五金工厂是什么样子,毅然决定出国。几个月内,他奔走于德国、捷克、奥地利和匈牙利,其间还学会讲德语和捷克语,最后留在奥地利的维也纳城。铁托找到了在维也纳新城火车站工作的哥哥,并在哥哥的帮助下,在维也纳新城达姆莱工厂找到工作,当了一名试车司机。在世界名城"音乐之都"维也纳,铁托只能用极少的花费来得到文化艺术享受:有时候趴在咖啡厅外拦杆上,免费欣赏从厅里传出的动听的音乐,有时候到体育馆练习击剑,到文化厅舞蹈班学跳华尔兹舞。

## 三、被迫在奥匈帝国军队服役,战争中被俄军俘虏

1913年,铁托满21岁那年,不得不服从奥匈帝国的兵役法,到奥匈帝国军队中服役(当时克罗地亚隶属于奥匈帝国)。服役期间,铁托显露出不凡的身手,在团里军训课目中获优异成绩,获得全团击剑冠军和"滑雪能手"称号。铁托由于在连队中表现优秀,被保送到士官学校进行短期培训。结业归队后,铁托成为全团最年轻的军官。但是,铁托从心底里仇恨奥匈帝国军队,认为它是一支镇压克罗地亚人民的军队。

1914年,第一次世界大战爆发后,铁托所在的团部接到命令:全团整装待发,准备开往前线与俄国军队作战。这时的铁托因有反战言论,被一士兵告密,因而受到处罚,被关闭多日,既未受审,也不放人,铁托便大闹班房,要求见上级。后经一位好友证明其并未发表反战言论而获释。

不久,该团奉命出发开往喀尔巴阡山地区与俄军交战。除这个团(有16个连,每连有260人)外,还从克罗地亚调来四个团,这些团的任务是阻挡俄军的前进步伐。交战双方呈相持状态。此时正值冬季,克罗地亚兵团装备很差,不少士兵冻死。有一天,铁托按上级命令,带领一个排夜间越过俄军防线潜入敌后,对俄军进行偷袭,抓获了一些俄国士兵,并把他们押回自己的营地。这次偷袭行动的成功,彰显了铁托的勇敢和机智。

过了不久,俄军利用奥匈帝国军官在后方庆祝复活节之机,向铁托所

在的克罗地亚兵团偷袭。担任前锋的吉尔吉斯骑兵闪电般冲了上来，克罗地亚士兵措手不及，铁托和一些士兵被刺成重伤。正当俄军士兵准备杀死这些受伤的克罗地亚士兵时，被及时赶到的俄军军官制止，铁托幸免一死，但成了俘虏。

俄军把这些受伤的俘虏兵押送到俄国伏尔加河畔喀山市郊外的一个小镇。镇里有一所由古老修道院改建的小医院，铁托和一些受伤的俘虏在这个医院里接受治疗。铁托因伤口深，又感染上肺炎而发高烧，处于高度昏迷状态。护士在他的床头扎上一条红布，标明他即将死亡。但经过一段时间治疗，铁托很快恢复了健康。在住院养伤期间，铁托还用心学习俄语，由于克罗地亚语和俄语同属斯拉夫语系，加上铁托的语言天赋和勤奋，他很快就能说一口流利的俄语。在养伤期间铁托结识了一些俄国朋友，从他们那里了解到许多俄国情况，并从他们那里借阅了许多俄文书刊。

## 四、在俄历经磨难，目睹十月革命胜利

伤愈出院后，铁托被发配到古比雪夫省的一个村庄去劳动。这个村子里的居民有鞑靼人、摩尔达维亚人和俄罗斯人。当地人得知铁托有机械方面的技能后，便把他安排在一个小磨房负责修理工作。在这里铁托结识了一些反对俄国沙皇的俄罗斯人。磨房工作对铁托来说十分轻松，在空闲时间，他从俄罗斯朋友那里借来很多进步书籍和俄罗斯文学著作，孜孜不倦地阅读。

后来，铁托被遣送到乌拉尔地区一个小镇里的战俘营，并被指定为战俘营中的领班人之一。战俘们被强迫从事修复从西伯利亚至彼得堡铁路的体力劳动，劳动强度非常大。那是1916—1917年的严冬，战俘们在零下40度的条件下野外干活，他们身上破旧的衣装，根本无法抵御寒风的侵袭，每天都有人冻死，铁托则顽强地挺住了。

在战俘营里，铁托身为领班人，不但没有依仗自己的身份欺压战俘们，而且，敢于同工长损害战俘们利益的行为作斗争。有一次，国际红十

字会给战俘们寄来食品和衣物，铁托发现工长贪污了这些包裹，便将这事告到地方红十字会。工长的丑闻被传开因而受到处分，此后，工长不断找铁托的岔，伺机报复。有一天，工长把铁托关起来，找了几个哈萨克打手，把铁托抽了30大鞭。

1917年2月，一个爆炸性的新闻在战俘营中传开：俄国沙皇被推翻了！克罗地亚籍的战俘激动不已，因为他们饱受奥匈帝国奴役之苦，期盼推翻奥匈帝国的日子早日到来。

铁路维修车间里有一位工程师是布尔什维克，他常邀请铁托到他家和一些布尔什维克工人聚会，共同阅读和研讨马克思的著作和列宁的讲话、文章。

俄国"二月革命"后，资产阶级临时政府实行的白色恐怖遭到工人的反抗。铁托参加了当地工人的示威游行，当工人运动惨遭镇压时，铁托也面临受迫害的危险，于是他决定逃离战俘营。一天，铁托悄悄地离开了战俘营，跳上一列从西伯利亚开往彼得堡的货车。几天后，货车抵达彼得堡，铁托溜下火车进了城。进城后，正遇上工人群众举行的反对资产阶级临时政府的"七月大示威"，铁托毅然加入了游行队伍。反动当局派军警对工人实行血腥镇压，在广场周围的高楼上架起机关枪，向游行人群疯狂扫射。许多工人被打死打伤，铁托因躲到大桥下面，才幸免于难。

这个事件发生之后，铁托决定逃往芬兰。在边境上遇到警察盘查，当警察得知铁托是俄军战俘后，便把他遣回彼得堡关押起来。几个星期后，警察准备将铁托遣返回乌拉尔战俘营。铁托不愿再回战俘营，于是在火车停靠站时，趁人不备，下车溜走了。押送战俘的士兵发现铁托逃跑后，力图把他抓回来，可是铁托已经跳上一列刚起动的客车，逃之夭夭了。当这趟客车开进一个车站时，一群武装工人包围了客车，并宣称他们是布尔什维克，这里的政权已属于苏维埃。铁托明白了：十月革命爆发了。武装工人告诉铁托，他必须回到战俘营去，那里的战俘都站到布尔什维克一边，并组成了红色国际纵队。于是，铁托高兴地回到战俘营，积极加入红色国际纵队。在这里，铁托有机会阅读到布尔什维克的报纸、列宁的讲话和文章。

不甘失败的俄国资产阶级临时政府仍在一些地区实行白色恐怖，向布尔什维克进行反扑。有一天，白军向红色国际纵队发起进攻，整个鄂木斯克地区笼罩着白色恐怖。铁托不得不逃离到几十公里外的一个村子躲避起来。这里的村民多数是信奉伊斯兰教的半游牧民族吉尔吉斯人。铁托在这里待了很长一段时间，和当地居民和睦相处，并且学会了讲吉尔吉斯语。

1919年秋，鄂木斯克获得解放。铁托离开了吉尔吉斯人居住的村庄，准备回鄂木斯克，但半路上遇到土匪。土匪头目用枪对准铁托胸膛。尽管铁托告诉他自己是战俘，但匪徒们还是抢走了铁托身上的所有东西。

1920年，俄国释放了所有在第一次世界大战中扣留在俄国的战俘，允许他们回国。当运送战俘的列车行至纳尔瓦站时，铁托和一些战俘又被抓走，并被关押了几个星期，原来这个地方还没有建立布尔什维克政权，白军残余势力还在为非作歹，一旦有人被查出是布尔什维克，就会被处死。由于白军没有证据证明铁托是布尔什维克，铁托才逃过一劫，他和克罗地亚籍战俘们一道改乘海轮又转乘火车，几经周折，终于回到了阔别5年的家乡——克罗地亚。

## 五、加入南共，积极从事地下工作

1920年9月，铁托回到了克罗地亚，并在萨格勒布市一家机械厂里找到了一份工作，当他得知一年前成立了南斯拉夫共产党，便立即申请加入南共。

铁托在俄国度过的这5年里，世界发生了巨大变化，巴尔干地区和克罗地亚也发生了巨大变化。1914年爆发的同盟国和协约国两大军事集团之间的战争，于1918年以同盟国的失败而告终。帝国主义列强对世界进行重新瓜分，协约国成员国各自得到好处。1918年12月，依照《凡尔赛条约》建立起来的"塞尔维亚人—克罗地亚人—斯洛文尼亚人王国"，实行的是君主体制立宪，是中央集权制而不是联邦制，这样的联合并不是南斯

铁托传奇

拉夫各族人民期盼的各民族平等的联邦制的联合，克罗地亚、斯洛文尼亚等民族屈居塞尔维亚霸权主义统治之下。南斯拉夫王国内的社会、经济、民族和政治矛盾不断激化。受俄国十月革命胜利和欧洲各国革命运动不断高涨的鼓舞和推动，刚诞生不久的南斯拉夫共产党积极地开展工作，推动南斯拉夫无产阶级革命的发展。南共提出的口号是："资产阶级已发展到帝国主义阶段，无产阶级革命的时代已经到来。"这时候南共已成为欧洲共产党中党员人数多的共产党之一。在南共的领导下，南斯拉夫王国各地的工人举行抗议集会，举行总罢工，反对资本家对工人的剥削，要求改善工人状况，反对迫害工人运动。铁托加入共产党后，立即投身于革命斗争的洪流中去。铁托从十月革命故乡带回最珍贵的东西，无疑是马克思列宁主义的思想、受十月革命鼓舞而树立起来的共产主义理想和信念。铁托从俄国带回的最有价值的物品是带有红五星的俄式皮帽，他为这顶皮帽而自豪，同志们看到这顶帽子都感到受鼓舞。在萨格勒布一次工会的集会上，铁托戴着这顶皮帽子在集会上发表演讲，他高呼：工人只有武装起来才能取得胜利。

南斯拉夫王国统治者看到共产党的建立和工人运动的不断壮大对其统治地位的威胁，加紧采取镇压手段。当局下令解散工人组织，禁止集会和游行，镇压罢工运动。尽管如此，南共的队伍仍不断壮大，活动仍不断增加，革命工人运动没有停止步伐。1920年12月，南斯拉夫王国发布"通令"，宣布解散共产党组织，禁止一切共产党宣传，禁止共产党出版报刊，查封工人之家和共产党的机关，没收其档案和财产。

1921年4月，南共中央召开全会，指出需要建立党的地下组织，并力求使工会组织合法化。在这困难时期，党内一些激进青年党员的活动使南共处于更加困难的境地。他们在贝尔格莱德向摄政王亚历山大投掷手榴弹，在德尔尼采暗杀了王国政府内务大臣。当局为了进一步镇压工人革命运动，指控这些谋杀都是共产党领导干的。菲利波维奇等3名南共领导人被送上法庭，大批共产党员被逮捕，共产党被正式宣布为非法组织，南共组织遭到严重破坏。

到了1925年，南共的组织有所恢复，地下工作有所发展。铁托作为一名普通党员努力地为党工作，积极地为开创党和工人运动的新局面而奋斗。

1925年春，铁托来到亚得里亚海北部克罗地亚的天然良港克拉列维察，在一家颇有名气的造船厂工作。该厂有200多年的历史，曾造出不少高质量的船只。当时厂里有200多名工人。铁托在修理和制造发动机、马达零备件的车间工作，曾参与维修奥匈帝国留下的鱼雷艇。

从进厂第一天起，铁托就担负起恢复该车间工会组织的任务，几个星期后，铁托当选为车间工会的干部。在铁托的积极张罗下，在厂里成立了工人体育协会和工人文化小组。铁托为文化小组购置了许多进步书籍和乐器，把工人的文化体育活动搞得有声有色。之后，铁托又致力于把几年前因警察恐怖迫害而解散的党组织恢复起来。

铁托在这家造船厂工作期间，目睹厂里工人的困苦状况，愤怒地挥笔写下了《克拉列维察造船厂通讯》的文章，刊登在萨格勒布市出版的《有组织工人》杂志1926年8月26日第35期上，文章写道：

"克拉列维察造船厂（工人们把它叫做扒皮厂，这更名符其实）工人的状况糟透了，糟得像俗话说的，连鬼神都要为之嚎啕大哭。

当工人们中午去吃饭的时候，人们见到他们的时候，连做梦也不会想到他们是熟练工人。从他们的外表来看，人们还以为他们是叫化子，因为他们穿的不是衣裳，而是用破布烂絮遮身。

当人们看到这些贫穷的、衣衫褴褛的工人，再看到那些在饭馆、酒吧间和其他娱乐场所"辛劳"了一番之后回到克拉列维察休息的衣着华贵的资产阶级先生们，人们发现这两者之间的阶级差别是多么触目惊心。

工人们从早干到黑，受尽折磨，看上去像乞丐，脸色苍白，骨瘦如柴，而资本家却饱食终日，无所事事，衣冠楚楚，脑满肠肥，这就是那种神圣的社会制度！

工人们向四面八方，向社会福利部和劳动局写信抗议，但是没有得到任何回应。

这就是说,工人们必须把自己的命运掌握在自己手里,应把分散的队伍团结起来,应同心同德地捍卫自己的劳动成果,为更美好的生活而奋斗!"

造船厂经常拖欠工人工资。有一次,工人们在修理完鱼雷艇后,工资被拖欠了7个星期。党支部组织工人进行罢工。工人们集合在一起,铁托对工人们说:"厂方拖欠工资,把我们的钱留在他们口袋里,这就是掠夺我们。"厂方为了平息罢工,答应支付工人工资,但只付了部分工资,借口是海军部门未付鱼雷艇修理费。铁托通过五金工人工会总会进行调查,结果证实,厂方欺骗了工人。于是工人们又举行罢工,直至厂方付清拖欠的全部工资,罢工取得了胜利。可是几天后,厂方公布了一张"不再需要的"工人名单,其中也有铁托的名字。

1926年,铁托来到贝尔格莱德,在离贝尔格莱德不远的斯梅德雷夫卡一帕兰卡车厢厂工作。该厂是法国人和塞尔维亚人合资的工厂,约有900名工人。铁托进厂不久,就当上了车间工会主席。目睹厂里工人被残酷剥削的惨状,铁托愤怒不已,再次在报纸上发表文章,无情地揭露资本家的残忍。文章写道:

"这里的工人每天工作长达16个小时,卫生条件恶劣得令人吃惊,车间里冷得要命。为了取暖,工人们不得不用油腻的旧车厢板烧火,浓烟滚滚,令人窒息。工人们经常被无故地处以罚款,没有人来关心我们。所有社会保障制度仅是一纸空文。"铁托在文章中号召:

"同志们,任何东西都无济于事,只能相信自己。谁也不关心我们,所有福利机构都是名存实亡。同志们,大家都应该参加自己的战斗的工会组织,才能展开坚决的斗争,反对贪得无厌的资本家的残酷剥削。"

文章在报纸上发表后,铁托又被厂方解雇了。

之后,铁托又回到萨格勒布市,在一家较大规模的机械厂工作。这里没有工会组织,铁托准备把工会组织建立起来,经理得知后大怒,一气之下把铁托辞掉了。

1927年,也就是铁托35岁那年,党组织决定任命铁托为全克罗地亚五金工人工会书记。在铁托担任此职务几个星期后，一班警察冲进五金工人工会办公室，将铁托逮捕。由于没有证据证明铁托与共产党推翻政府的活动有关，铁托在被关押一阵后被释放了。

1928年，铁托在党内担任南共克罗地亚省委书记一职。正是由于这个原因，铁托也成了当局追捕的目标。1928年夏天，铁托组织工人举行大规模示威游行之后，警察加紧了对铁托的搜捕。铁托不断改换住址，乔装打扮，多次逃过警察的追捕，但是，最终还是落到警察手中。

## 六、五年狱中生活，革命活动未止

1928年11月6日，萨格勒布市法院开庭审判铁托，罪名是：宣传共产主义，散发有共产主义内容的报刊和书籍，私藏武器和炸弹。这就是当年炒得沸沸扬扬的所谓共产党"私藏炸弹案"。当地的一家右翼报纸曾作如下报道："萨格勒布市法院里的审判厅来了很多人，青年工人和学生把小厅挤得水泄不通……铁托的面部表情如铁铸一般，目光炯炯，冷静刚强。"

审判开始后，法官问铁托是否认为自己有罪。

铁托回答说：根据起诉书我是有罪的，但实际上我是无罪的。

法官问：那么你认为你犯了什么罪？

铁托说：我承认我是非法的南斯拉夫共产党的一名党员，我承认我曾经宣传过共产主义，我向无产者指出过对他们的一切不义行为，但我不承认资产阶级的法庭，因为我认为，我只对我的共产党负责。

法官问：你懂不懂"国家保卫法"？

铁托说：听说过这个法，但我没有读过它，因为我对它不感兴趣。

法官问：这个法律禁止各种各样的共产党宣传，你知道吗？

铁托说：我知道，不过那只是临时法而已。

法官说：这个法律要把你和每个违犯它的人送进列波格拉瓦监狱。国家通过这个法律来反对你们共产党。根据人民的观点，共产党人正试图腐

化人民,人民用它来保卫自己,反对你们的破坏活动。

铁托说:我知道这个法律不是由人民通过的,我一点都不怕它。

法官问:你说除了手枪,没有其他武器,那么在你床下找到四颗手榴弹,是怎么回事?

铁托反问:你以为四颗手榴弹就能消灭统治制度?

法官尴尬地说:这里四颗,那里四颗,每条街四颗,那会成什么局面?

最后法官走过场地问:你还有什么话要说?

铁托说:我想说说我是怎么和为什么成为一名共产党人的……审判厅内一阵活跃,法官急忙制止铁托说下去。首席法官宣布判决,判处铁托5年徒刑,并下令把铁托的手铐上。铁托在离开法庭时高呼:"南斯拉夫共产党万岁!"

当地的《新闻报》在评论这次审讯时,这样写道:

"被称为炸弹案的这次对共产党人的审判昨天结束了。在审判结束时,布罗兹(即铁托)的声音在法庭上占了上风,判决宣布后,他站起来,面对那些准备退席的众多旁听者三次高呼:'共产党万岁!'在法庭上当然有不少是他的同志,虽然他们没有跟着他喊,但他们是在心里跟着喊。就这样,这位不屈不挠的共产党员消失在监狱的高墙后面。"

当年的共产党机关刊物《战斗报》这样写道:

"如果资产阶级想以这种司法手段来击退工人阶级的斗争,那他们就完全错了。在无辜的牺牲者的血泊中,会有数以千计的新战士站起来,而资产阶级的法庭所作的监禁判决,只是对更加激烈的阶级斗争的一种刺激罢了。"

法庭判决后,铁托在萨格勒布市法院监狱被关了一阵儿,等待被押往列波格拉瓦监狱。在这期间,地下党曾计划营救铁托,党组织通过一个同情共产党的狱卒,带给铁托一个内藏锉刀的大面包,让他锉断牢房窗户上的铁条逃出来,狱外有同志接应。铁托利用早晨犯人进出倒马桶、垃圾的嘈杂声作掩护,开始锉窗户上的铁条。当锉到最后一根时,狱卒要求铁托换房间，营救计划失败了。不久，铁托被转移到列波格拉瓦监狱服刑。这是一座关押要犯的监狱。关进这座监狱的还有被判刑的优秀共产党员皮雅杰（解放后首任南斯拉夫联邦议长）等人。铁托入狱后很快和皮雅杰等人联系上，并着手建立党支部。不久，在这座灰色的高高围墙内，诞生了一个秘密党支部。铁托由于有机械方面的技能，被派去管理供监狱和周围村庄使用的监狱小发电机房。铁托享受到其他犯人所没有的待遇，他可以在狱中走动，这对铁托和狱友们的秘密串连大有好处。有时铁托会被派到村子里去修理电线、电灯，虽有卫兵跟随，但铁托还是能够骗过卫兵，与来自萨格勒布的同志们接上头。

铁托和一些狱友在同狱长作不断斗争后，争取到了可以给亲友写信、可以收到亲友寄来的食物和书刊的待遇。狱方对书籍审查得很严，铁托和狱友们设法让亲友用《天方夜谭》等允许带进的书的封面，装订在马克思、列宁的书籍上，骗过狱方检查。放风时，铁托等人在院子里读书，狱卒虽然看到，但由于无知而未能识破。就是这几本带进来的马克思、列宁的书籍，成为党支部开展马列主义教育的教材。在监狱的几年时间里，铁托好友皮雅杰和乔拉科维奇翻译了《资本论》第一卷，并送出监狱，于1933年编辑出版。随后他们又翻译了《资本论》第二卷和第三卷，还翻译了《共产党宣言》《哲学的贫困》《反杜林论》《国家与革命》等著作。

1934年3月，铁托服刑期满后被释放。铁托获释后，警察局要求他只能待在家乡库姆罗维茨村，每天都要到村公所报到。然而，铁托在家乡只待了几天，便悄悄地前往萨格勒与党组织联系。警察局发现铁托失踪后，立即发出通缉令。铁托不得不改头换面，隐姓埋名，铁托（TITO）这个名字就是从这时候开始使用的。几个月后，铁托被补选为南共中央委员，又过了一段时间，被补选为南共中央政治局委员。

## 七、冒险偷越国界，与在国外的党中央取得联系

1929年，资产阶级统治者又掀起新的白色恐怖浪潮。警察当局杀害了

铁托传奇

南共中央书记贾科维奇后,南共中央领导的一些成员纷纷转移到奥地利首都维也纳,并把中央领导机构设在那里。当时,共产国际指定马蒂诺维奇担任南共中央书记。在国外的南共中央领导要同国内党组织联系,要下达指示,是件非常困难的事情。国内党组织和党员只能被动地等待国外指示,所以克罗地亚党组织决定派铁托去维也纳,设法建立一种可靠的联系方式。

铁托没有采用通常使用假护照出境的办法,而是以自己设计的巧妙方式偷越国境。1934年夏天,铁托办了一张登山协会的会员证,穿上登山服和登山鞋,佯装攀登斯洛文尼亚与奥地利接壤的山峰。铁托越过边界,进入奥地利,在奥地利一农户家过了一夜,第二天乘车抵达维也纳。

在维也纳,铁托见到了中央书记戈尔基奇,他向中央书记及中央委员们详细汇报了南斯拉夫国内党组织的情况。由于党中央与国内党组织几乎失去联系,中央委员们如饥似渴地听取铁托的讲述。铁托坦率地告诉他们,国内党员对中央委员会设在国外不能直接领导国内党组织、中央派回的交通员因缺乏经验而不断暴露身份这种状况很有意见。按照党中央的意见,铁托暂时留在维也纳参加中央委员会的工作。几个星期后,党中央派铁托回国,负责召集斯洛文尼亚共产党代表大会,并为南斯拉夫共产党代表会议的召开做准备工作。

铁托潜回国内后,立即前往卢布尔雅那进行筹备斯洛文尼亚共产党代表大会的工作。1934年9月下旬,斯洛文尼亚共产党代表大会在一位主教的度夏别墅里秘密地举行。与会代表共30人(包括铁托在内),会议进行了两天两夜。这次大会对开展斯洛文尼亚的斗争具有十分重要的意义。大会决定,党必须全面开展活动以争取工人阶级的团结,并开展群众统一斗争来反对独裁,争取民主和民族权利。

铁托接着又参加了南共第四次代表会议的筹备工作。南共第四次代表会议于1934年12月在国内秘密召开,出席会议的有塞尔维亚、克罗地亚、斯洛文尼亚和黑山的代表,马其顿和伏依伏丁那的代表未能前来与会。会议议程是:中央委员会做报告,讨论民族、农民、工会、反对帝国主义战争等问题。

这次代表会议具有重大意义，因为自从南共遭到残酷镇压后，党中央远在国外，国内党组织很难开展活动。1929年南共第四次代表大会是在德国的德累斯登举行的。这次代表会议在国内成功地召开，说明"南共经受了考验，不但没有被法西斯独裁消灭，而且更加巩固和发展了"。（铁托语）

铁托在出色地完成了任务后，设法弄到一本捷克斯洛伐克的护照，贴上自己的照片，伪造了签证印章，装成一个普通旅游者，顺利地回到维也纳，并向中央书记戈尔基奇汇报了南共第四次代表会议的情况。中央政治局又交给铁托几项任务：写一篇关于这次代表会议的文章，刊登在南共克罗地亚省委会机关刊物《镰刀与锤子》杂志1935年1月第1期上；起草关于组织工人自卫队的报告、关于共产党员在狱中的任务的报告；协助中央书记戈尔基奇草拟给斯洛文尼亚省委会的指示，即关于准备组织一场煤矿工人大罢工的信件等等。

在这个时期里，铁托在完成党中央交给的许多重要而复杂的任务中，突显出非凡的组织能力和领导才干。

## 八、化名"瓦尔特"，在共产国际工作

1935年初，在维也纳的南共中央考虑到铁托熟悉苏联情况并精通俄语，决定派铁托到共产国际工作，以加强南共同共产国际的联系。南共中央向共产国际推荐铁托为共产国际巴尔干书记处候补委员。推荐书中写道，铁托是一位工人，曾在狱中度过5年，表现优异。也许起初他不会像许多有学问的知识分子那样老练，但他了解党，他代表了我国工人阶级积极分子中最优秀部分。共产国际采纳了南共中央的这一提议，任命铁托为共产国际巴尔干书记处成员和南斯拉夫报告员。

铁托作为共产国际的一名官员来到了莫斯科，到共产国际工作。他的办公地点在红场附近马霍瓦亚大街共产国际办公大楼里，住在普希金广场

高尔基大街"卢克斯"饭店。

共产国际执委会下设若干个书记处，分管世界各地区国家的共产党。所有问题首先在各书记处讨论，然后再提交到共产国际的会议上研究。每个书记处都由共产国际执委会一名成员负责。

巴尔干书记处由南斯拉夫、希腊、保加利亚、罗马尼亚和阿尔巴尼亚等国的共产党组成。巴尔干书记处的负责人是来自德国的威廉·皮克。铁托曾回忆说，他和皮克在一起相处得很好。铁托工作很繁忙，来自南斯拉夫共产党的所有报告都集中在他手中，共产国际执委会要开会讨论南斯拉夫问题时，他负责准备文件。在共产国际工作期间，铁托结识了杰出的无产阶级革命家季米特洛夫、陶里亚蒂、库西宁、多列士以及苏共常驻共产国际的代表马努伊尔斯基和克诺林等。

1935年7月，共产国际举行第七次代表大会，会议在莫斯科全苏工会大厦圆柱大厅举行。这是一次十分重要的代表大会，会议主题是组织反法西斯斗争的民族阵线问题，由季米特洛夫做主旨报告。铁托是南斯拉夫共产党代表团7名团员之一，是代表团的秘书长。斯大林出席了大会，但只参加了开幕式。这是铁托第一次见到斯大林。

在共产国际巴尔干书记处工作之余，铁托定期到国际列宁主义大学讲课，这是一所培训外国高层党员干部的学校，铁托主要是讲工会问题。同时，铁托还在西部少数民族共产主义大学任教，在这所大学里有一个专门培训南斯拉夫共产党干部的班。

工作之余，铁托很少逛莫斯科的大街，大部分时间是在图书馆里阅读各种书籍。据铁托回忆，当时他把注意力主要集中在阅读经济和哲学方面的书籍上，同时也很认真研读军事方面的著作，尤其喜欢伏龙芝的著作。

铁托在共产国际工作期间，使用的化名叫"瓦尔特"，瓦尔特这个名字当时在共产国际和莫斯科颇有名气。

## 九、当选南共总书记，"新官上任三把火"

1936年夏，铁托离开了莫斯科，在维也纳和巴黎待了一段时间后，于

1936年底回到南斯拉夫。此时，南共上层派系斗争愈演愈烈，以乔皮奇为首的一派先在维也纳后又在布拉格召开秘密的中央全会，把包括铁托在内的许多中央委员排斥在外。共产国际对此作出强烈反应，解散了南共中央委员会，任命了一个新的中央委员会，指定戈尔基奇为中央总书记、铁托为组织书记。

1937年夏天，在巴黎的南共中央总书记戈尔基奇突然被召到莫斯科，并被共产国际撤销了南共中央总书记的职务，接着被捕入狱。就在这个时候，共产国际通知铁托去莫斯科。共产国际领导人季米特洛夫同铁托进行了谈话，通知他被任命为南共中央的临时总书记，并说将完全更换中央委员会。铁托接受了任命，并表示"我们将清洗污秽"。季米特洛夫说："干起来吧！"

1938年5月，铁托回到了南斯拉夫，参加在南斯拉夫境内举行的一次南共高层领导会议。会上成立了南共临时领导机构，并在临时领导机构会议上，建立了南共中央委员会。一些年轻有为的优秀党员干部进了中央委员会，铁托当选为南共中央总书记。

铁托当选南共中央总书记后，为整顿和加强党的组织作出了巨大的努力。

铁托新官上任烧了三把火。

"第一把火"是，坚决消灭党内长期存在的严重的派系斗争，竭力维护和加强党的团结。

南斯拉夫共产党内宗派斗争根深蒂固。长期以来，在南共党内，主要是在中央领导层内，在对政治形势的判断上，在涉及党的重大路线方针以及斗争策略等重大的问题立场上，都存在着分歧。各派之间争吵不休，致使南共在不同时期犯过这样或那样的错误，给南共的事业、南斯拉夫工人运动造成损失。共产国际在批评南共时曾形象地称之为"两个南斯拉夫人——三个派别"。

共产国际曾要求南斯拉夫共产党彻底解散，对此铁托坚决不同意。铁托主张应在党内原有基础上进行改组和整顿，而决不应该解散。铁托上任

铁托传奇

后立即发起了整顿党的行动,这一行动的宗旨是,把一切顽固不化的派别分子、小集团分子以及其他对党的事业发展有害的分子,包括证据确凿的打进来的警察奸细,坚决清除出党。

1938年5月,在南斯拉夫共产党中央会议上,南共中央总结并肯定了为清洗和巩固达尔马提亚党组织而采取的措施,并以此为示范,向全党推广。会议通过的一项决议指出:为捍卫党免受阶级敌人的侵犯,必须采取更有力的清洗措施;为捍卫党的统一与团结,必须把所有小集团分子、宗派分子清除出党,必须对所有党员和党组织的领导人进行审查。

这一时期,铁托亲自到塞尔维亚、克罗地亚、斯洛文尼亚各地,同当地党的领导干部举行会议或同他们进行个别谈话,帮助和指导地方党组织开展整党,帮助他们将那些纠缠于派系斗争、破坏党内团结的分子清除出党。南共中央在一次会议上通过了致南共党员的公开信,信中号召全体党员加强革命运动的团结,加强和促进党领导整党行动的权威和作用,要求党员为坚决抵制一切削弱党的团结的言行而斗争。

铁托对党的上层领导进行了"大换血",大胆提拔年轻有为的党员干部,他们是有坚定共产主义信念,在对敌斗争中表现优异的同志,其中有些是和铁托在狱中共患难的同志,如皮雅杰、卡德尔、兰科维奇、吉拉斯、马林科等。这些年轻人进入南共中央政治局,使南共获得新鲜血液,他们后来在反法西斯斗争中个个英勇杀敌,个个都是游击队的优秀指挥官,建国后,他们又成为新南斯拉夫最高层领导人。

铁托在总结整党行动时指出,"这次整党行动取得了重大胜利,其成果是:1. 把宗派分子和阶级敌人的间谍从自己的队伍中清除出去;2. 党的队伍中有党的健康干部,他们现在可以不受阻碍地发挥自己的全部首创精神,也就是说,党的健康因素出现了;3. 现在率领党的是统一的领导,没有任何内部冲突,也就是说,党的领导在所有问题上都是完全一致的;4. 在思想组织和行动方面实现了高度的统一;5. 党广泛地开展了工作,深入到群众中去,逐渐被公认为群众的领导者;6. 领导懂得正确地估计每一个具体事件,党的路线没有动摇;7. 南斯拉夫共产党的路线反映了所有真正进步力量的愿望,共产党人的言行是一致的;8.党在发生决定性的事件之前大胆地执行保卫国家免受行将到来的危险的方针,并坚决反对那些企图把国家推向深渊的叛徒和第五纵队。"

"第二把火"是,坚决改变多年来党的最高领导机构设在国外的不正常现象,采取果断措施把党中央委员会迁回国内。

从1919年南斯拉夫共产党诞生起,南斯拉夫统治当局掀起一浪又一浪白色恐怖浪潮。1929年,南斯拉夫反动当局为维护其统治又大批逮捕共产党人,南共高层领导人遭到逮捕和杀害,致使南共中央处于瘫痪状态。一部分转移到国外的南共中央领导人起先把中央机构设在奥地利维也纳,后来又迁往法国巴黎。南共中央从遥远的国外领导国内党的各级组织。

关于这种不正常现象铁托是这样说的:

"多年来,在国外的领导与国内党组织联系很少,或者几乎没有联系,在国外的上级领导很难了解国内的下级组织情况。

在国内的党员消极地等待设在国外的上级领导的指示,而不是自己思考问题,直接参加斗争的国内党员未得到国外中央委员会的批准,不能采取任何行动。另一方面,在维也纳的中央委员会本身也无权自行作出决定,在采取行动之前,它必须把每项决定都要送到共产国际审批。当决定送到莫斯科时,首先要送到下级官员手里,由他们阅后再呈上级官员,然后才对这些决定进行讨论、分析,最后做出指示,送到在维也纳的南共中央,传达到南斯拉夫的国内党组织。经过如此漫长的过程,这些决定往往时过境迁,而无法贯彻执行。共产国际对决定未执行不满意时,便撤换南共领导人,而且通常是从在国外的而不是在国内的干部中挑选新领导。"

铁托对这种状况深恶痛绝,他提出自己的意见:"党的中央委员会应当设在国内,它应当在人民当中工作。如果工人运动的领导远离实际斗争,要取得运动的胜利是不可能的。"铁托认为,"党中央领导在国外远离斗争实际,而国内的党组织则等待国外不切实际的指示,那就是用别人的头脑代替自己的头脑,这对工人运动是很危险的。"铁托还说,"党的领导人在国外过着流亡生活,易使人变质腐化。如果是在国内,在自己人民中

间，情况就不一样了，因为这样党的领导可以同人民一起战斗，同甘共苦。"

铁托表示一定要劝说这些同志回国。按照铁托的指示，在巴黎的党的领导机构很快被撤消了。1938年5月，在国内建立了以铁托为首的中央领导机构，顺利地完成了中央领导机构回迁的任务。

"第三把火"是，摆脱共产国际的监护，不接受共产国际的财政援助。

南共成立于1919年4月。南共在诞生的第一天便宣告加入共产国际。1920年南斯拉夫共产党第二次代表大会通过的党章写明："南斯拉夫共产党是共产国际的成员。"1926年南斯拉夫共产党第三次代表大会通过的党章写得更明确："南斯拉夫共产党是共产国际的一部分，其名称是：南斯拉夫共产党，共产国际的分部。"

当时无论是共产国际还是南共自己都把南共是共产国际的分部、共产国际有权任免南共领导人看成是天经地义的事。

铁托认为，南共刚成立时，共产国际对受社会民主主义思想影响较深、政治上不成熟的南共，从政治思想上给予很多帮助。共产国际代表大会、共产国际执委会会议上曾多次讨论过南斯拉夫问题，并就此作出过专门的决议。但在20年代、30年代共产国际帮助南共澄清许多问题的同时，也在某些方面对南共产生了消极影响。

铁托上任后，在原则上接受共产国际领导的同时，鲜明地提出各党应独立自主的主张，称南斯拉夫共产党不再盲目地、不加批判地接受和执行来自共产国际领导中心的指示，并采取了使南共不受共产国际监护和控制的具体措施。把南共中央领导机构从巴黎迁回国内，正是使南共摆脱共产国际监护的一项重大措施。

为彻底摆脱共产国际的监护，铁托表示不再接受共产国际的财政援助。铁托说得很直截了当："在我看来，共产国际的补助金大大地妨碍了我们党的工作。住在国外的中央委员待遇很高，一个中央委员月薪为两千法郎，相当可观。每年编制预算时，总要讨论共产国际补助金的事。如果党的开支完全是来自国内的征集，来自工人缴纳的党费，那么我们就会注意节约每一个第纳尔。没有什么事情会比从外面得到金钱更能挫伤工人运动的锐气了。"

当年国际共运中许多小党都得到苏共的资助，没有不要的，唯独铁托说"不要"，确实很有勇气，很有骨气。

1940年10月19—23日，南共召开了第五次全国代表会议。这次代表会议是在铁托担任南共总书记后第一次召开的大型会议，也是南共中央迁回国后在国内召开的第一次代表会议。为了使党员能够广泛地参与研究党的发展的工作，参与制定党的方针政策，遵照南共中央指示，各省、各地区党组织于1940年5—9月先后召开了地方党组织的代表会议。这时南共已有党员7000人，其中约有1500名党员参加了这些会议。铁托和南共中央的一些领导人分别下去参加这些地方党组织代表会议。在全国代表会议筹备期间，还召开了南斯拉夫共青团全国代表会议，铁托参加了会议。

108名地方党组织代表出席了南共第五次代表会议，有这么多代表参加的秘密会议，是南共在20年地下活动中最大的一次集会。无论在地方组织开会期间，还是在全国代表会议持续5天会议期间，警察当局都毫无觉察，这也说明了铁托领导的党组织更加成熟和纯洁，更加团结一致。

代表会议上提出了关于国内形势、国际形势、党的组织、工会问题、农民问题、民族问题、青年工作、妇女工作、军队工作等十项报告，其中最重要的是有关党的组织问题和国际形势问题的报告。

铁托在关于党的组织问题的报告中，对1937年到1940年他担任南共总书记期间开展的整顿党组织的行动，作了全面总结。他说，南共在整顿党组织的行动中，胜利地完成了以下三个任务：第一，把所有异己分子和危险分子清除出了党，动员了全党积极分子起来反对任何搞小集团和派别的企图，从而保证了党的团结；第二，从组织上巩固了党，使它真正成为了群众斗争的带路人和组织者；第三，大力培养了新的领导干部，把新人提拔到领导岗位上来，把那些屡教不改的机会主义分子和消极主义分子清除出党组织。

铁托在报告中指出：

"这次代表会议是在南共的工作和发展都发生了急剧转折的时候举行的,是党在纯洁了自己的队伍、克服了内部长期的严重危机之后有了蓬勃发展之时举行的。这一严重危机表现为上层领导中的派别斗争,表现为挑拨、背叛、破坏等,它阻碍了南共的正常工作和发展。今天,我们可以说,南共是完全团结一致的,这一团结是南共从成立整整二十年以来所渴望的,是由于它有忠心耿耿的干部,是由于它同一切异己分子和反党分子进行了不妥协的斗争。"

在国际形势问题上,代表会议指出,新的帝国主义世界大战的战火正在蔓延,法西斯德国把战火引向巴尔干,直接威胁南斯拉夫的独立。铁托在报告中说:

"这次代表大会之所以具有历史意义,是因为它是在这样的时候召开的,即第二次世界大战打得正酣,各国受到的法西斯威胁正在增加;各资本主义国家以及南斯拉夫反动派对工人阶级实行的白色恐怖正在大大加剧;阶级矛盾日益激化;广大劳动群众的阶级觉悟正在提高,他们愿在共产党的领导下同阶级敌人——资本主义剥削者、民族独立和进步的敌人、法西斯战争贩子进行斗争,为和平和更美好幸福的未来而奋斗。"

南共第五次全国代表会议选举产生了由22名委员和16名候补委员组成的中央委员会,铁托当选为南共中央总书记。

以铁托为首的、经过整顿而变得坚强和团结的南斯拉夫共产党,在民族危难时刻,义无反顾,勇往直前,挑起千斤重担,去迎接难以想象的严峻挑战和考验。

# 反法西斯战争篇

——领导南斯拉夫共产党,团结南斯拉夫各族人民,英勇抗击并打败法西斯侵略者

## 一、当德国法西斯入侵南斯拉夫时，南共是反对侵略者的唯一抵抗力量

1940年春天，世界乌云密布，欧洲形势愈发险恶。德国法西斯在占领了丹麦，又征服了挪威、荷兰、比利时和法国之后，将矛头直指巴尔干和南斯拉夫。以铁托为首的南共中央新的领导，经过"脱胎换骨"的南斯拉夫共产党，在祖国濒临灭顶之灾的危急时刻，坚决地勇敢地肩负起组织人民抗击侵略者、保卫祖国的历史重任。

1940年10月，南共召开第五次代表会议。会议通过的决议尖锐地指出，"许多因素导致阶级冲突激化，并预示着在不久的将来将进行一场大决战。帝国主义世界大战的战火正在不断蔓延，给许多国家和人民的生存带来威胁。轴心国列强正在把战火引向巴尔干，引向南斯拉夫。"决议揭露南斯拉夫资产阶级统治集团迎合德意法西斯侵略者的图谋，推行反动的对内政策和投降主义的对外政策，指出南斯拉夫统治集团上层根本不准备也没有能力保卫南斯拉夫的独立，因此，必须把抵抗德意法西斯入侵同反对南斯拉夫王国政府的卖国政策联系在一起。会上铁托明确地表达了南斯拉夫共产党的原则立场：坚决捍卫南斯拉夫的独立，反对把南斯拉夫变成轴心国的殖民地。会议要求南斯拉夫共产党各级组织更加重视军事工作，除在1939年春就已建立的在南斯拉夫共产党中央委会领导下的军事委员会外，要求在各省、区党委会领导下都要建立起军事委员会。军事委员会的任务是负责组织和训练突击小组、破坏小组和战斗小组，选拔军事干部，组织收集武器和医疗器材等工作。会议还要求党员在服兵役期间努力在士兵中扩大党的影响，在有条件的部队中，秘密建立共产主义小组和军人积极分子小组，主动与有进步思想和爱国思想的军官建立联系，在军官中间积极开展政治思想工作。

会议要求各级党组织致力于创办合法的和地下的报刊杂志，扩大党的

影响。到1940年底,南共中央已拥有7个地下印刷厂,各地区党委会也有简陋的印刷设备。南斯拉夫共产党中央出版了机关刊物《无产者》,各地方党组织也有了自己的机关报,如塞尔维亚的《共产党人》、克罗地亚的《镰刀与锤子》等地下刊物。南共中央还创办了一些合法的报刊,如《工人周报》,发行量达4万份。与此同时,南共组织有了几家合法的书店。马克思列宁主义著作和介绍苏联的读物的出版工作有了很大开展,南共通过这些刊物和书籍,宣传了党的纲领和方针政策,扩大了党在群众中的影响。

1941年4月6日,德国对南斯拉夫不宣而战,首先出动空军对贝尔格莱德市进行狂轰滥炸。

这一天早晨,贝尔格莱德市宁静的天空被飞机的轰鸣声划破。当市民还以为是"自己人"时,雨点般的炸弹落了下来。德军空袭的目标是民宅、学校、医院、教堂、供水厂。贝尔格莱德市顷刻变成一片火海。在市中心教堂举行婚礼的200多人全被炸死。几个小时后第二批轰炸更为猛烈。死亡人数无法统计,据报道仅新墓地就埋葬了3000多具尸体。遭轰炸的贝尔格莱德是第二次世界大战中几个伤亡最惨重的城市之一。

紧接着,德国、意大利、匈牙利等国50个师约百万兵力,大举入侵南斯拉夫。南斯拉夫王国军队不堪一击,只进行了数日象征性抵抗后即土崩瓦解。4月17日,南斯拉夫王国政府在贝尔格莱德与德国签署了无条件投降书。南斯拉夫国王彼得二世连同各政党要人及资产阶级头面人物一同逃亡到英国,在那里等待同盟军战胜德国后返回南斯拉夫恢复其王朝统治。德、意、匈、保军队长驱直入,占领了南斯拉夫全部领土。他们按先前达成的瓜分南斯拉夫的协议,分别占领了南斯拉夫的各个地区。南斯拉夫惨遭肢解。

德国占领区面积为12.8万平方公里,人口近1000万,其疆域包括整个克罗地亚和塞尔维亚的大部分以及波斯尼亚和黑塞哥维那地区。在这片疆域上建立了所谓"克罗地亚独立国"。根据德意之间的协议,意大利拥有对该独立国的"保护权",意大利王子被封为"独立国"的国王,而真正的权力掌控在德国人手中。德国扶植克罗地亚资产阶级首领帕韦利奇及克罗地亚极端组织"乌斯塔什"首领组成傀儡政府。

意大利占领区面积为8万多平方公里，人口约400万，其疆域包括克罗地亚沿海的一些地区和岛屿、科索沃的大部分、马其顿和黑山的一部分，意大利在科索沃一带建立了"大阿尔巴尼亚"傀儡国。

匈牙利占领区面积为1万平方公里，人口100万。

保加利亚占领区面积为2.8万平方公里，人口120万。

1941年8月以后，德国又在其塞尔维亚占领区建立了塞尔维亚傀儡政府，由南斯拉夫王国原国防部长奈迪奇将军任总理。

就在南斯拉夫国土被法西斯侵略者的铁蹄践踏、人民蒙受凌辱之时，就在德军坦克穿过萨格勒布市中心之时，总部设在萨格勒布的南斯拉夫共产党中央委员会秘密地进行着紧张的活动。铁托亲手草拟了一份以南共中央名义同南斯拉夫人民发布的《公告》。

《公告》说：

"我们共产党人早就指出的可怕灾难现在落到南斯拉夫各族人民的头上了，轴心国的侵略军突然冲破了我国的防线，所到之处留下了家破人亡、土地荒芜的惨状……不要意志沮丧，要加强自己队伍的团结，昂首挺胸，去面对最沉重的打击。南斯拉夫共产党人和工人阶级将坚持斗争，永远站在反对侵略者的人民斗争的第一线，直到最后胜利。即使在这一斗争暂时失利的情况下也不要一蹶不振，因为从这场血腥的帝国主义战争中，将诞生一个新世界，并将永远铲除帝国主义战争和民族奴役的根源，将在南斯拉夫各族人民真正平等的基础上建立一个自由的友好的大家庭。"《公告》号召人民拿起武器同侵略者及其走狗作坚决的斗争。

5月初，在戒备森严的敌战区"克罗地亚独立国"傀儡政府所在地萨格勒布市的一所公寓里，秘密地举行了南共中央委员会的会议。出席会议的有来自克罗地亚、塞尔维亚、斯洛文尼亚、黑山、波黑和伏伊伏丁那地区党组织的领导人。铁托在会上作了形势报告，他指出这次会议是在国家被肢解、人民因遭野蛮掠夺和奴役而在帝国主义强盗铁蹄下呻吟的时刻召

开的，现在由南共组织并发动一场反侵略者的武装起义已提上了日程。铁托强调，这样的武装起义应该具有最广泛的性质，应该包括一切准备向法西斯开火的人们。

会议决定把南共中央委员会从萨格勒布市迁往贝尔格莱德市，因为敌人对南共领导机构及铁托的秘密活动有所察觉，铁托的行踪已引起敌人的注意，危险在增大。

## 二、南共发动人民在敌占区掀起破坏和袭击活动

1941年6月22日，德军向苏联发动进攻的当天，铁托在贝尔格莱德市郊的一所公寓里，主持召开了南共中央政治局会议。会议认为，德苏开战这一事件彻底改变了世界局势，也为南斯拉夫开展武装斗争创造了国际条件。会议一致认为，武装起义的真正时刻已经到来。铁托在亲手执笔写的告人民书中写道："在占领者铁蹄下呻吟的你们，为自由和独立而反抗法西斯奴役的你们，要知道为争取你们从法西斯侵略者奴役下解放的斗争时钟已经敲响了！在南斯拉夫共产党的领导下，为争取你们自由的斗争而作出自己的贡献吧！苏联的斗争就是你们的斗争，因为苏联也反对奴役你们的那些敌人。不要上那些替法西斯强盗效劳的国内各种反动分子的当！你们的岗位就是站在为你们真正的自由和独立而斗争的工人阶级的最前列。这场斗争决定着你们和你们孩子的未来。如果你们热爱自己的自由和独立，如果不愿当外国人的奴隶，如果愿意摆脱法西斯的奴役，那就千方百计地帮助伟大的爱好和平的社会主义国家苏联的正义斗争，团结自己的力量来反对奴役和掠夺你们国家的压迫者和法西斯侵略者吧！"

在给南斯拉夫工人的公告中写道：

"南斯拉夫所有地区的无产者！各就各位，站到斗争的最前列上来吧！把自己的队伍牢牢地团结在你们的先锋队——南斯拉夫共产党的周围，各就各位吧！"

6月27日，在南共中央委员会领导下的南斯拉夫人民解放游击队总司

令部成立了，铁托任总司令，总司令部成员包括南共中央政治局全体委员，同时还确定了正中央有一颗红五角星的旗帜作为南斯拉夫民族解放运动的旗帜。铁托亲自拟定了关于游击队活动的规模、开展破坏和袭击活动的目标以及医务、后勤等各项工作的指示。从此，反对侵略者的烈火在南斯拉夫全国各地熊熊燃烧。

南斯拉夫游击队总司令部的《通报》满载着各地纷至沓来的战报。

看哪！

为抗议傀儡政府的报纸吹嘘德军攻打苏联胜利的报导，贝尔格莱德市100多名青年共产党员一齐出动，三人一组走向市区所有报亭，一个抓起当日报纸，一个泼上汽油，一个点火，把当天报纸烧了个尽光。这一行动狠狠打击了敌人的嚣张气焰，惊动了全城。

贝尔格莱德郊区的汽油库、弹药库被炸毁了。

贝尔格莱德某区的电缆、电话线被割断了。

游击队员偷袭了敌人监狱，救出了被关押的同志，这一行动简直是个神话。南共中央委员兰科维奇在组织破坏电台的行动时被捕，受重伤后被关押在盖世太保控制的医院里治伤。铁托闻讯后即组织营救。几名游击队员身着便衣，其中一人带着手铐，佯装便衣特务押送受伤犯人上医院，骗过医院中的警察，来到兰科维奇住的病房，然后带着兰科维奇按计划好的线路从医院后院越墙逃走。这一行动让盖世太保目瞪口呆，尝到了共产党的厉害。

南斯拉夫国内最重要的交通路线，贝尔格莱德至萨格勒布的铁路线遭破坏，致使德国军官50死、120伤。

塞尔维亚南部重要城市尼什的德国军官俱乐部遭炸弹袭击，造成德国高级军官30人死伤。

亚戈迪纳市郊机场的一座机库和5架飞机被炸毁。

萨格勒布市一座军用仓库中2万多米用于制作降落伞的尼龙布被烧成灰烬。

伏依伏丁那省一列满载军用物资和粮食的列车被炸毁。

铁托传奇

在塞尔维亚的一个小镇上，几个年轻人手持没有子弹的猎枪，袭击了一个德军哨所，解除了敌军的武装，缴获了一批武器。

在塞尔维亚内地，一个农民手持斧头，躲在一棵大树后，将一个背着手提机枪骑着摩托的敌兵劈死，夺得了武器。

在波黑的一些乡村，农民们操起铁锹和树棍围攻伪警察，居然令敌人缴械投降。

在克拉古耶瓦茨市郊，游击队炸毁了一列火车，致50名德国官兵死亡。

贝尔格莱德市郊一家兵工厂被炸毁。

150名游击队员攻占了克拉列沃火车站，夺得三个车皮的枪枝弹药。

再看看从敌军手中缴获的德军前线指挥部文件是怎样记载南斯拉夫游击队活动的：

1941年8月，在德军李斯特元帅参谋部文件中写道：

"匪徒每天袭击火车站和邮局，破坏电话线路，并扬言要中断所有联络。塞尔维亚的大部份金矿和煤矿里都有共产党在活动，矿区运输由于许多铁路中断而严重受阻。"

1941年9月中旬，德军前线指挥部对塞尔维亚形势作如下报告：

"全国经济受到起义运动的影响，混乱与日俱增。多瑙河上出现了匪徒，他们对水路交通、对从罗马尼亚通往德国的最重要运输线造成威胁。

匪徒在萨拉热窝和波斯尼亚一带很活跃。他们袭击铁路线，切断通讯线路。参加扫荡奥兹拉连山的部队至今还没有成功地摧毁起义军的抵抗，目前进攻受阻。

瓦列沃西北部匪徒又增多了。据称列斯科瓦茨西南部有1500个匪徒在活动。在波扎雷瓦茨至库切沃支线上匪徒对三个火车站进行袭击，车站被捣毁。

匪徒在塞尔维亚的尼什市一带频繁活动，据报告，他们正在向尼什—列什科瓦茨铁路线靠拢。

在克罗地亚的萨瓦河和德里那河三角地带匪徒活动频繁，再度占领了比斯特里察扬水站。在瓦雷什附近正在发生争夺一个工厂的战斗。

空中侦察结果，查明了列斯科瓦茨一带敌情，在乌日策一带被打散的匪徒重新集结起来了。

瓦列沃西南的匪徒活动更加频繁，在科西耶里契以西，匪徒向克罗地亚边境撤退，在波扎列瓦茨以东，袭击了一个无设防的区。"

可见，星星之火，迅速燎原！

## 三、铁托提出开展游击战的完整思想

1941年7月4日，铁托在贝尔格莱德市主持召开南共中央政治局会议。会议总结了几个月来开展袭击破坏行动和武装斗争取得的成果和经验，为进一步开展反对占领者的武装斗争指明了方向。会议认为，为实现抗击侵略者、赶走占领者的任务，党的组织和工作方式应进行调整，党的基本活动必须从城市转向内地农村，因为农民占全国人口的76%，只有农民广泛参加这一斗争，党的战略思想才能实现。会议认为，必须加强对各地游击队的指挥，加强各游击队之间的联系和配合；有必要在各省建立游击队司令部。会议决定，首先立即建立塞尔维亚游击队司令部，负责塞尔维亚地区的武装行动，然后再在其他省、区建立游击队司令部。

会议还决定派南共政治局委员伏克曼诺维奇和吉拉斯作为南共中央代表分别赴波黑和黑山领导当地人民武装起义，决定由已在斯洛文尼亚的中央政治局委员卡德尔负责斯洛文尼亚的武装起义工作。

铁托在会上提出了关于进一步开展游击战争的完整思想，并在会后用"TT"署名发表了题为《人民解放游击队的任务》的文章，刊登在总司令部《公报》第一期上。铁托在文章中指出了人民解放游击队成立的宗旨、目标、任务：

第一条　人民解放游击队的宗旨是：将南斯拉夫人民从被占领下解放出来，打击那些帮助占领者对我国人民进行压迫和恐怖统治的占领者帮凶。

铁托传奇

第二条 我国人民自由和独立的死敌是德国法西斯及其在我国横行霸道的所有法西斯爪牙,因此,一切爱国志士的神圣责任是,进行毫不留情的斗争,直至彻底消灭这些法西斯匪帮。

第三条 游击队之所以称作人民解放游击队,是因为它不是任何一个政党或政治团体的战斗组织,具体说也不是共产党的战斗队,尽管共产党人战斗在前列,而是南斯拉夫各族人民的战斗队,一切爱国者都应在其中战斗,不论其政治信仰如何,都能在其中进行抗击占领者的武装斗争。

第四条 在我国人民抗击敌人的整个斗争中,游击队有如下任务:必须炸毁一切为法西斯侵略者服务的设施,如铁路、桥梁、工厂、武器弹药库等;必须竭尽全力阻止占领者抢夺农民的粮食、牲畜和其他食物;必须以武力把侵略者抢走的东西夺回来,并分给人民,也要为游击队留下必要数量的给养;必须阻挠占领当局征收各种捐税,因为这些捐税只会帮助占领者进行掠夺战争和进一步压迫我国人民。

第五条 游击队必须手执武器捍卫城乡,使之免受法西斯的肆虐;必须保护人民的财产,使之不被占领者掠夺。

第六条 游击队必须到处消灭法西斯部队,特别是军官、盖世太保和黑衫党人。同样应毫不留情地消灭他们在我国的代理人、形形色色的人民的叛徒和内奸,这些人把人民的最优秀儿女成批地交到法西斯刽子手的手中。

第七条 游击队必须不屈不挠地开展人民抵抗,发动人民起义,并作为战斗核心领导起义。迄今,游击斗争的经验表明,全民起义的问题被忽视了,必须立即克服这一缺点,否则可能会导致游击队脱离那些愿为自己的正义事业而奋斗的群众。

第八条 游击队的政治路线是:建立南斯拉夫各族人民的反法西斯人民解放阵线,不论其政治和宗教信仰如何。

第九条 在成立游击队时,不应心胸狭窄,应积极主动,范围广泛。已成立的游击队应立即同地方司令部取得联系,并接受它们的领导。

第十条 司令部和指挥员必须提高警惕,注意不让敌人的奸细打入游击队，一旦发现这样的人，应该立即把他们枪决，并公布他们的姓名。

第十一条　游击队司令部和指挥员必须特别重视游击队的纪律，任何抢劫、背叛及其他破坏纪律的行为，都应受到严格惩处。

第十二条　司令部必须关心战士的给养、装备等问题，应同人民解放阵线各级委员会一起安排给养。人民解放阵线各级委员会应为人民解放基金募捐。

第十三条　南斯拉夫境内各地区的游击队及其司令部都归南斯拉夫人民解放游击队总司令部领导指挥。为了协调斗争和成功地进行作战，各司令部之间必须加强联系。

第十四条　司令部和指挥员必须确保医治伤员所需的医疗物资和医务人员。

第十五条　随着人民起义的广泛开展，还要大力培养必需的指挥干部，因此，游击队司令部必须关心经过考验的优秀指挥员和政委，使他们能够担负起领导人民起义斗争的重任。

第十六条　如对战略或其他情况有利，为了开展大规模的作战行动，可视需要将若干游击队合并组成大型军事单位。

铁托的这篇纲领性文章，促进了游击队的规范化，推动了游击斗争的迅速发展。在塞尔维亚地区，从7月中旬到8月中旬的短短一个月时间，游击队就从7支发展到21支。对敌军的骚扰也不断增加，在同一时期，斯洛文尼亚游击队在15天内炸毁了5座桥梁。其他各地区游击队如雨后春笋般建立起来并积极开展活动。

在这个时期里，铁托一直在贝尔格莱德指挥全国的游击斗争，他隐藏在郊区，很少进城走动，只有在十分必要时才出去，每次出门随身总是带着一支左轮手枪和两颗手榴弹。

## 四、铁托和游击队总司令部转移到山区

鉴于战事的飞快发展，根据1941年7月4日南斯拉夫共产党政治局会

议关于党的工作重心应转到农村的精神，铁托决定把党中央机关和游击队总司令部从贝尔格莱德迁往塞尔维亚西部解放区——山区小城斯托利察。这样做，既可避免在戒备森严的贝尔格莱德遭敌人破获的危险，又可在解放区同全国各地游击队取得紧密联系，可直接下达指令，更有效地指挥战斗。

1941年8月底，经过周密的准备和精心安排，铁托和党中央机关及游击队总司令部的转移行动开始。在转移工作中，重中之重的任务是铁托的安全转移。铁托采用了一个最巧妙、最稳妥的方案，他持一张假的公民身份证，由两个人随同转移，其中一个是东正教牧师，用宗教色彩作掩护，另一个是南斯拉夫境内的少数民族日尔曼人，此人身藏武器，操一口标准的德语，用以应付德国兵的盘查。三人乘上火车，在离贝尔格莱德200多公里的一个小站下了车，随即上了一辆租来的汽车，沿着崎岖的山间小道向斯托利察行进。由于铁托的行动十分保密，也由于通讯联系不方便，当地游击队负责人不知道铁托抵达的日期。当铁托一行进入游击队控制的地区时，哨兵不认识来者为何人，在审查铁托证件时，表示怀疑，准备把铁托抓起来。这时游击队一名指挥官认出铁托，立即上前握手拥抱。哨兵向铁托表示歉意，铁托说，你们的任务执行得很好，如果你们不这样做，那就不好了。

铁托抵达斯托利察后，立即召开南共中央会议，会议决定尽快召开"总司令部与各地区军事代表联席会议"。1941年9月中旬，联席会议在斯托利察举行，与会者除南共中央政治局委员外，还有来自塞尔维亚、克罗地亚、斯洛文尼亚、波黑等地的游击队领导人。他们有的是骑马，有的是步行，有的是乔装打扮通过敌占区秘密地来参加会议。铁托主持会议，各地方游击队领导人在会上汇报了本地区的形势和开展武装斗争的情况。会议在分析了南全国各地武装斗争发展的形势后，作出了以下几项重要决定：

第一，在南斯拉夫的每个省建立一个总司令部，其主要任务是协调本省各游击队的活动，领导和组织较大规模的战斗。将"南斯拉夫游击队总司令部"改名为"南斯拉夫游击队最高司令部"。

第二,随着游击队力量的不断发展,必须把这些队伍组编成连和营,连和营都应设立指挥部和参谋部。

第三,在解放区建立民族解放委员会以取代旧的政权机构。

铁托在会上对游击战术作了精辟阐述。他指出,应当尽量避免与在兵力上和武器上都占优势的敌人正面接触,而是依靠行动灵活而又互相密切配合的众多游击队同时行动。当需要时,这些队伍能组合成强有力的突击队,以便在打硬仗时有能力战斗,或者又能分散并突然袭击敌人的某个目标,并且在进攻后及时撤退,让敌人扑空。重要的是尽可能保存自己人力的完整。

铁托在会上还指出,武装斗争在各地区发展不平衡,虽然各地区有不同的客观条件,但各地区党组织领导都应坚决地开展武装斗争,都应着力反对把武装斗争停留在"游击"水平上的倾向。

会议还确定了游击队的旗帜、游击战士的标志和敬礼的方式等事项。

斯托利察会议是南斯拉夫反法西斯战争中具有重大历史意义的一次会议。会议的决定得到了迅速贯彻,各地区游击队都进行了改编、整合。一般游击队都组成2—5个营,一个营平均有数百名战士,有的营多达3000名战士。每个营下设若干连。

## 五、激战中铁托奋不顾身,化险为夷

1941年12月下旬,德军集结大量兵力,向南共中央和南斯拉夫游击队最高司令部所在地乌日策小城发起进攻。配有坦克的德军先头部队遭到游击队的有力阻击,游击队用地雷和手榴弹摧毁了德军15辆坦克,致使德军前进步伐受阻。不久,德军又发起第二次更加猛烈的攻势。参加这次攻势的德军兵力大增,有德军342和113两个整师,还有714、177两个师的大部分,以及268炮兵团,此外,还调来驻扎在希腊的125团和在东线的第113师团支援。

铁托传奇

德军沿着主要道路小心翼翼地前进，沿途用炮火和飞机轰炸来扫清前进道路，并以众多的步兵从两翼夹击游击队阵地。

乌日策在一个夜晚拉响了战斗警报，一场激战爆发了。敌军在离乌日策只有数公里的地方和游击队猛烈交火。乌日策工厂的工人们都拿起步枪冲向前线助战。拂晓敌军被击退。

不久，敌军卷土重来，再次大举进攻乌日策并且加强了空中打击。游击队没有任何对空武器，敌军飞机肆无忌惮地俯冲、扫射。德国步兵突破了乌日策以北的瓦列沃游击队阵地，进逼乌日策游击队最高司令部。愈来愈多的伤员涌进乌日策。离最高司令部不远的隧道里的工厂被炸，躲在隧道里躲避空袭的几百名老百姓被炸死。爆炸引发的大火把附近的工厂、街道商店和民宅都烧毁了。游击队最高司令部驻扎的楼房也中弹起火，铁托受了轻伤。几天后，德军大批坦克向乌日策推进。铁托在关键时刻下达了撤出乌日策的命令，命令全体人员都撤到离乌日策20多公里外的兹拉地博尔山。首先撤退的是300多名伤员，接着是要求同部队一起撤退的老百姓，然后是战斗人员。在德军坦克开进乌日策前20分钟，铁托才离开阵地，是最后撤离这个城镇的战斗人员之一。铁托等人一边撤退一边在路上埋设地雷，以阻挡敌军追击撤离人员，但敌军的坦克仍疯狂地在通往兹拉地博尔山的路上不断前进。大部分撤退人员进了山，铁托等人却被敌人切断了后路，距离德国追兵仅有100多米。铁托等人边打边退，德国兵紧追不舍，直到铁托等人钻进山林，且天色已黑，德国兵才停止追击。德国兵万万没想到，被他们穷追猛打的、最后撤退的竟然是游击队最高司令部的总司令！

最高司令部的几位成员进山后，发现铁托没有到，也没有他的任何消息，万分焦急。深夜，房门突然被打开，进来的是铁托，大伙相见紧紧拥抱。

此时已是初冬季节，山上已冻冰，大雪即将降临。敌军无奈，只好中止攻势。铁托率领9个游击支队和300多名伤员，迅速朝塞尔维亚和桑贾克的交界处转移。

铁托的游击队在进行了这场激烈战斗后，来到树林茂密的兹拉塔尔山区休整。这一带是意大利占领区，但意大利占领军在兹拉塔尔山区没有驻扎部队。最高司令部安扎在兹拉塔尔山脚下德列诺瓦村中一栋农家木屋中。铁托和司令部的几位同志以及无线电发报员和警卫都睡在一间大屋的木板地上。这个地区相对安全，所以只有夜间才有哨兵站岗。一天清晨，岗哨已撤，当最高司令部成员茹约维奇向窗外眺望时，突然大喊："注意，有士兵向我们靠近！"铁托赶忙跑到窗前，一眼便认出是意大利巡逻兵。这些巡逻兵离最高司令部仅有100多米，他们发现了目标后，立即拉开战斗队形。铁托命令把文件和电台迅速转移到后山去，自己提着手提机枪带领几个同志冲出屋外，迅速冲向十几米外的一个小土包，以小土包为掩体，向意大利士兵开火，进行阻击。敌方不明真相，不敢贸然向前推进，而是用迫击炮轰击农舍。此时，铁托等人已安全撤离到后山去了。敌人冲进农舍，一无所获，只在房间里捡到了铁托的照相机，在马棚里捉到铁托的马。之后，敌军一把火烧掉了这栋农舍。这些意大利士兵未想到，他们袭击的对象居然是游击队总司令——铁托。

铁托和最高司令部安然无恙，继续率领部队，避开敌军力量较强的据点，转移到敌军力量薄弱的地区，袭击其据点，缴获其武器和粮食，解放了一些乡镇。

## 六、武装起义队伍不断壮大，节节胜利

在铁托的正确军事思想指引下，南斯拉夫人民反对法西斯占领者的解放斗争蓬勃发展，取得了节节胜利。

到1941年秋冬，就是说，在四月战争爆发后半年左右的时间里，在整个南斯拉夫，发动武装起义的地区占其全部领土的1/3，40多个城镇获得解放。铁托领导的人民武装力量达到了8万人。

塞尔维亚的形势最好，其2/3的领土获得解放。游击队人数达1.4万人，游击队控制了塞尔维亚的10多个中小城市。塞尔维亚解放区和波黑

解放区连成一片,在这些解放区的铁路线也被游击队控制,而德军只盘踞在塞尔维亚的几座大城市里。

在斯洛文尼亚地区,游击队不断壮大,到1941年底已发展到32支,在对敌斗争中,战果累累。

在黑山地区,游击队的活动最为活跃,无论是老年人还是青年人,都拿起武器投入战斗。黑山地区除了几个大城市,几乎全部都被解放了。全副武装精良的意大利士兵在同游击队作战斗中,屡遭惨败。

希特勒军队于1941年4月打败了南斯拉夫王国军队,完成了对南斯拉夫的占领之后,把大量兵力调往其他战场,仅留下一部分兵力在南斯拉夫。希特勒没有想到会遇到南斯拉夫的一个小小地下共产党的如此顽强的抵抗,于是被迫向南斯拉夫增兵。

德国武装部队最高统帅部下达命令:"东方的局势要求近期把更多的德国部队重新投入这个地区。为了保证巴尔干地区的平静(而巴尔干的平静又是整个局势所不可缺少的),必须大大增加兵力,以彻底消灭动乱。"10月初,德军司令部从其他战线上调来了三个步兵师,还调来了数量不小的炮兵、坦克兵和航空兵。

与此同时,德国还大力扶植网罗形形色色的卖国贼、通敌分子的武装力量,其总数达30多万人,用以帮助占领军打击游击队和迫害平民百姓。

这些伪军主要有以下三股较大的武装力量:

一是"克罗地亚独立国"的武装力量,约20万人。

二是德国在塞尔维亚扶植的由原南斯拉夫王国国防部长奈迪奇为总理的"拯救政府"的武装力量,约3万多人。

三是当德国军队1941年4月击溃南斯拉夫王国军队后,一部分没有投降缴械的官兵在米海依洛维奇上校带领下逃进南斯拉夫深山密林,自称为切特尼克部队,声称要把忠于南斯拉夫国王的部队集结起来。米海依洛维奇同英国和流亡伦敦的南斯拉夫王国政府取得联系,并得到他们的支持。1942年初,南斯拉夫王国流亡政府授予米海依洛维奇将军称号,任命其为"留在祖国的南斯拉夫军队"司令。米海依洛维奇在原有士兵的基础上又收罗了一些不明真相的群众入伍，人数达到 10 万左右。

米海依洛维奇采取不抵抗政策，妄想等待盟军胜利后恢复南斯拉夫王朝。当铁托游击队浴血奋战的头一年世人还不知道有铁托这个人时，英国人把南斯拉夫抗击德国法西斯的战果都记在米海依洛维奇的功劳薄上。铁托曾多次冒着生命危险，亲自赴切特尼克部队司令部驻地，同米海依洛维奇谈判，劝其枪口一致对外，共同抗敌，米海依洛维奇则以不要用过激行动激起敌人对平民的报复为借口，拒绝联合行动。米海依洛维奇不但拒绝联合抗敌，而且还和上述两股伪军勾结在一起，投靠德军，扮演帮凶角色。在德军向铁托游击队发动的多次猛烈攻势中，这几股力量都扮演了对游击队截击、围堵和从背后捅刀的角色。铁托气愤地指出："正当我们向侵略者展开浴血奋战时，米海依洛维奇却在我们的背后捅刀。"然而，西方盟国却依然美化米海依洛维奇。

到 1941 年底，南斯拉夫战场上敌我双方力量对比是：

德、意、保、匈部队约 50 万兵力，各种伪军约 30 万兵力，而人民解放武装力量只有 8 万兵力。双方就是在力量对比如此悬殊的情况下展开拼杀的。

从 1941 年 9 月至 12 月，兵力上占绝对优势的占领军重新占领了被游击队解放的部分地区，并对这些地区的民众施行残忍报复。占领军按希特勒指令行事：凡 1 个德国兵被打死，枪毙 100 个平民，凡 1 个德国兵被打伤，枪毙 50 个平民。仅马契瓦一带乡村就有 1000 多人被杀害，2 万多人被关入集中营。1941 年 10 月 21 日，在塞尔维亚南部城市克拉古耶瓦茨发生了骇人听闻大屠杀：这一天就有 7000 人遭屠杀。德军把抓到的平民都集中在空旷地，用绳子把他们一团团地捆起来，并对他们叫喊着：愿去德国当劳役者的出来！绝大部分人不肯出来，然后德军就把一团团人群推向坑口。冶金工人德拉戈维奇面对枪口大声地说："法西斯疯狗们，你们喝饱了塞尔维亚人的鲜血，红军和我们的游击队将很快消灭你们。"最后他高呼："南斯拉夫共产党万岁！游击队员万岁！苏联和斯大林万岁！"几百名工人喊着同样口号倒下，一群群的成年人、老人、妇女、儿童被枪

杀。据不完全统计,从1941年4月到12月,仅塞尔维亚就有4.4万男女老少被杀害,有数以万计的平民被关进集中营。

铁托和游击队员们化悲痛为力量,以更英勇杀敌的气概为自己的同胞报仇。人民群众也没有因受残酷镇压而屈服,他们一如既往地支持游击队,把自己的儿子一个个送上战场。

德军凭借自己的优势兵力,向铁托游击队发动了一次又一次的攻势。德军曾向科扎拉山区的解放区发动大规模攻势,牢牢地包围了这个解放区。驻扎在这个地区的是克拉伊纳第二支队的3500名战士。突围的战斗十分艰难,经过苦战,只有一半游击队员和1万多名老百姓冲出包围圈。德国人把抓到的7万平民全部关进集中营,其中2.5万人丧命。冲出包围圈的游击队迅速转移,同克罗地亚的几个旅会合,并采取联合行动,向比哈奇重镇发起攻击,解放了比哈奇,从而建立了以比哈奇为中心、面积达5万平方公里的解放区。

## 七、铁托游击队谱写了"长征"史诗

1941年底至1942年初,塞尔维亚西部和波斯尼亚东部的人民武装斗争跌入低潮。投靠占领者的伪军——米海依洛维奇率领的切特尼克部队把其军事行动重心转向这一地区。在伪军勾结意大利占领军大力开展欺骗宣传的影响下,在敌军不断增兵、战事愈加严峻的情况下,在当地的游击队和群众中出现了思想混乱,使这一地区的武装斗争陷入危机。铁托看到这一地区形势的严重性,决定亲自出马,带领新创建的第一无产者旅奔赴这一地区,以英勇善战的新型战斗组织为当地游击队和群众树立榜样,推动这一地区的武装斗争走出低潮。

1941年底,铁托领导的最高司令部率领第一无产者旅出发。为避开敌军的重要据点,铁托一行爬雪山,过深谷,绕道而行。他们奇迹般地翻越了白雪皑皑、渺无人烟的伊格曼山。一路上不仅没有交通线,而且连山间小道都没有,只有崇山峻岭,深邃峡谷。由于严寒缺衣,不少战士冻坏了双脚而不得不截肢，截肢手术几乎都是在没有麻醉药的情况下做的。有时给战士实施截肢手术，没有手术用具和消毒药水，只好把农用锯在开水中消毒后使用。一路上还时常遭遇敌军滑雪部队的袭击，不少战士牺牲了。尽管如此，第一无产者旅沿途还是拔掉了一个又一个敌军据点，缴获了大量武器弹药，经过250多公里的长途跋涉，最终抵达了目的地。在那里，铁托召开地方组织会议，向游击队和人民群众深入开展工作。总司令的到来，以及无产者旅的顽强斗志和累累战果，极大地鼓舞了当地游击队和人民群众，增强了他们战胜敌人的信心。南斯拉夫人把这次传奇式的行军也称之为"长征"。在上世纪70年代，南斯拉夫反法西斯斗争纪念馆的讲解员向到访的中国人介绍说：中国人民革命斗争史上有闻名于世的"长征"，我们南斯拉夫也有引为自豪的"长征"。虽然我们的"长征"没有中国"长征"那么长，那么伟大，但在艰苦卓绝和为革命胜利而作出的牺牲方面是相同的。

南斯拉夫第一无产者旅的这次"长征"并非是独一无二的。许多游击队都有过像这次"长征"的一样艰苦经历。如：

1942年上半年，在黑山和桑贾克建立了几个"无产者旅"。敌军发起攻势，企图围歼它们。这一带是高山峻岭，山上找不到粮食，但还能找到一些山羊，游击队战士们就吃清水煮羊肉。由于缺少盐和果蔬，战士们都得了坏血病，只好吃椴树的嫩叶或喝树皮汁。有一天部队进了一个村，村里所有房子都被伪军切特尼克部队烧光，见不到人影，少数活下来的人也不敢露面，游击队伤兵员只好在附近的树林里过夜。黑山和桑费克的无产者旅的战士们最终度过难关，突破包围，成功转移。

## 八、兵临城下的运动会

希特勒和墨索里尼为久久不能平定南斯拉夫的"动乱"而焦虑不安。1942年初，墨索里尼致信希特勒，信中写道：

"在巴尔干，春天来临之前必须肃清一切暴乱的温床。我们首先应该

平定波斯尼亚，然后塞尔维亚和门的内哥罗。为了避免消耗自己的力量，应该用最低限度的兵力和物力来达到我们的目的。因此，有必要使我们的军队按共同的计划进行合作。"

1942年3月下旬，制定出德、意军队联合作战的计划。这次攻势被称作"第三次大攻势"（在整个南斯拉夫战场上，德、意侵略军对铁托游击队发动了无数次攻势，其中大攻势有7次）。这次攻势动用了德国和意大利军队的4万兵力，此外，伪军切特尼克部队和乌斯塔什部队也参加攻势，配合占领军打击游击队。这次攻势始于对弗查地区的扫荡，最终目标是攻陷铁托最高司令部所在地弗查镇解放区，以达到捣毁解放区、消灭游击队最高司令部的目的。

针对敌军的战略意图，铁托指示部队，对敌人的进攻要进行阻击，要顽强抵抗，但不打阵地战，要多采用夜间袭击、破坏交通设施等战术，与敌人周旋，要边打边撤。德国部队在前进的道路上受阻后，一度停止不前，意大利部队也曾后撤。接着敌军又卷土重来，继续缓慢地朝弗查解放区进逼。游击队执行了铁托命令，边打边撤。此时已是4月下旬。经过20多天的苦战，敌军已渐渐靠近弗查镇。游击队原定在"五一"节举行奥林匹克运动会还能如期举行吗？铁托作出一个惊人的决定：运动会照常举行。只不过由于战事紧迫，运动会参赛者减少一些，比赛项目有田径、足球、排球等。足球决赛是在最高司令部代表队和某营代表队之间进行的，铁托亲临现场观看比赛。由于要听取重要汇报，铁托看完上半场比赛，便提前离开了运动场。当足球赛进行时，敌军离弗查只有十几公里。运动会结束后，铁托和最后一批人员有序地撤离了弗查。

铁托演出的这场"兵临城下的运动会"的好戏，显示了铁托的机智勇敢和多谋深算，大灭了敌人的嚣张气焰，大长了游击队的士气和信心。

## 九、在战争的头20个月里,铁托游击队未得到同盟国的任何物质援助

在铁托游击队于1941年6月奋起抗击占领者后,很长一段时间里世界上都不知道南斯拉夫发生了什么。起初英国把铁托游击队开展的斗争都记到南斯拉夫王国军队残留部队的功劳薄上,美国人信以为真。直到1941年11月,铁托的名字才出现在西方盟国报纸上。铁托何许人也,众说纷纭,有说他是波罗的海国家的男爵,有说他是苏联红军空投的军官,有说TITO(铁托)是秘密国际恐怖组织的缩写字母。这种情况形成的原因,一方面是由于当时南共缺乏与外界沟通和让世界了解自己的手段,另一方面是由于苏联不愿公开提及铁托,担心西方盟国会怀疑铁托是共产国际的代理人。英国在后来一段时间里明知铁托游击队在英勇抗敌,但还是把希望寄于米海依洛维奇部队。

铁托游击队虽然取得蓬勃发展和累累战果,但它面对的毕竟是不可一世的、武装到牙齿的、兵力强大的军队,而铁托游击队则是靠赤手空拳起家的武装抵抗力量。铁托有两句十分悲壮的话语:

南斯拉夫人民是用鲜血换取夺来的武器,

南斯拉夫人民是用生命换来胜利。

从1942年初开始,随着战事的发展,铁托游击队遇到难以想象的困难。游击队队伍的壮大,需要大量的武器来装备战士,从敌人手中夺来的武器远不能满足需要,铁托游击队员被敌人讥讽是"五发子弹的士兵"。伤员和病号也得不到最必需的药品,尤其是粮食给养更为缺乏。

1942年底,敌军在南斯拉夫战场上的兵力达到整个战争时期的最高峰,总兵力约80多万人,其中德、意、匈、保占领军为65万,伪军近20万,而这时的南斯拉夫游击队武装力量只有15万人。作战双方无论在兵力上,还是在武器装备上,对比悬殊极大。在战争头20个月里,铁托率领游击队未得到同盟国的物质援助。

战争发展到1943年初，丘吉尔认识到铁托游击队是南斯拉夫战场上的基本力量，渐渐对米海依洛维奇的部队失去希望，并停止了对米海依洛维奇部队的援助，转而同铁托游击队最高司令部建立联系。1943年春，英国军事代表团首先抵达铁托最高司令部所在地，从此开始把南斯拉夫游击队看作重要的盟军并给予物质援助。铁托把英国军事使团抵南斯拉夫一事通知了苏联，并请求苏联派军事使团来南斯拉夫。苏联于1943年底向南斯拉夫人民解放最高司令部派出军事使团。1943年11月底，斯大林、罗斯福和丘吉尔三巨头参加的德黑兰会议根据南斯拉夫战场上的情况，得出结论：南斯拉夫游击队应得到最大限度的物质援助。这实际上就是正式承认南斯拉夫人民解放军为盟军。从此，铁托领导的南斯拉夫人民武装力量结束了20个月孤军奋战的艰难历程。

## 十、南斯拉夫战场上两大决定性战役
### ——奈雷特瓦战役和苏捷斯卡战役

1942年底，南斯拉夫解放斗争的蓬勃发展令希特勒坐立不安。希特勒坚信，只要采取更果断的军事行动，就可以消灭克罗地亚独立国境内的游击队，局势就会平静下来，从而可以减轻德军的负担，可以把兵力用在其他战场上。德军在斯大林格勒战役和北非战役失利后，希特勒担心盟军会在亚得里亚海沿岸登陆，所以决心尽快消灭南斯拉夫游击队，拔掉巴尔干半岛上的这个"肉中刺"，使德军免于腹部受敌。

一个战役是"奈雷特瓦战役"。

1942年12月18日，希特勒作出了向南斯拉夫西部游击队发起攻势的决定。

希特勒下令：作战部队有权并有义务为取胜而不惜任何手段。可以烧毁一切有游击队的村庄，可以杀死妇女儿童；要把所有带武器的人，包括在作战区没有带武器的人，都统统抓起来枪毙。任何德国人不会因对匪徒采取行动而追究任何责任。

德军前线指挥部把这次攻势分为三个阶段,即"白色Ⅰ""白色Ⅱ"和"黑色"战役。这次攻势是德军整个战争中发动的7次大攻势中的第4次大攻势。

参加"白色Ⅰ"战役的有德军3个师、意军3个师的一部分和伪军1万人。这些敌军从东西南北合围,围歼在科尔敦、波斯纳克拉伊那、利加的游击队主力部队。

铁托早在11月底就估计到敌人可能要发动大规模的攻势,已作好了打一场大战役的准备,他要求部队坚决抵抗敌军的进攻,但考虑到敌强我弱的态势,要求部队避免阵地战,尽力进行游击战术。同时,铁托命令全国各地的武装力量全面出击,以缓解主力部队承受的压力。铁托命令第一、第二、第三无产者师集合待命,准备伺机突破敌军包围,迅速转移,去袭击并解放被敌军占领的黑塞戈维那和黑山地区,把敌军的进攻转变为南斯拉夫游击队武装力量的反攻。

1943年2月15日,战斗打响了,敌军的攻势一开始就遭到南斯拉夫游击队的顽强抵抗,战斗十分激烈。鉴于敌我力量对比悬殊,铁托决定后撤,放弃重镇比哈奇,同时命令第一、第二、第三无产者师向奈雷特瓦河突围。

在第一阶段攻势中,德军包围了格尔梅奇山,力图歼灭在那里的游击队主力和大批伤病员。游击队主力部队唯一出路就是突围,但突围时遇到两大务必克服的难题。

一个难题是要带着3500多名伤员突围。保护伤员不被敌人伤害是游击队的基本道德准则。

另一个难题是还要带着许多难民突围。德军在格尔梅奇山一带残酷地杀害了3000多平民,老百姓纷纷要求跟随游击队撤退。铁托和游击队深知,老百姓是游击队取胜的重要因素,他们向游击队提供给养,补充游击队兵源。于是主力部队决定带着约5万老百姓突围。

山区气候十分寒冷,主力部队带着伤员和百姓们艰难地在没有道路的崎岖山间缓慢移动。在白雪纷飞的山坡上,可以看到老人带着孙儿赶着牲

**铁托传奇**

口艰难行走着，因为孩子的父母都参加了游击队。难民队伍不断遭到敌机扫射，尽管游击战士全力掩护他们，但仍有许多难民死于敌机轰炸，还有许多难民死于饥饿严寒。

敌军进攻十分猛烈，双方都有重大伤亡。游击队采用了各路游击队纷纷出击的战术，采用了游击战和大战役并举的战术，在第一阶段战役中取得了显著战果。

铁托抓住有利战机，指挥5个师向黑塞戈维那和黑山地区挺进。这5个师在拉马河谷和萨拉热窝——莫斯塔尔一带转移时，击溃了意大利的一些部队，缴获了大量武器弹药。它们本来可以迅速渡过奈雷特瓦河，但由于必须等待缓慢而来的带有3000多名伤员的中央医院，时间的延误使这几个师又被敌军包围，双方展开了惨烈的拼杀。主力部队在等到了伤员到来后，开始强渡奈雷特瓦河。铁托施展了妙计：首先把河上的桥梁炸断，使敌人误以为游击队不打算过河了。同时派主力部队袭击德军部队，让德国人对游击队的意图迷惑不解。然后选择夜间在由伪军把守的、兵力相对薄弱的渡口渡河。先遣部队爬上河中被炸毁的桥墩向对岸扔手榴弹，接着工兵迅速架上木板，先头部队冲上对岸渡口，拂晓时占领了对岸山头，控制了河道。第二无产者师牵制住河各以北的德军部队。游击队和伤员陆续过河。敌机向渡河的游击队轮番轰炸，但未能阻止游击队渡河。经过数夜努力，全体战士和伤员终于胜利突围，按最高司令部计划，成功地甩掉敌人，朝着黑山地区挺进。

这就是著名的"奈雷特瓦战役"。

德军一位前线指挥官懊恼地说："游击队成功地渡过了奈雷特瓦河，全部人马都撤到黑山北部去了。我们一个游击队员都没有抓到，甚至连阵亡的游击队员尸体都没看见。"

希特勒无奈地说："有人报告说已经包围了铁托的6个师，没几天又说只包围了3个师，然后1个师，最后，当我们完成了包围圈时，只见到几个冻僵了脚的意大利人和几头病驴。"

另一个战役是"苏捷斯卡战役"。

1943年5月，英美联军在突尼斯发起进攻，打败了轴心国部队，从而为盟军进攻欧洲大陆打开了通道。德国占领军对南斯拉夫游击队发动的一次又一次攻势均告失败，并且丧失了对南斯拉夫许多地区的控制。希特勒不甘失败，决定在5月中旬再次发起更大规模的攻势。占领军投入的兵力达13万，其中德军约7万（第一山地师、党卫队"欧根亲王"第7师、第118狙击师、第369狙击师及104狙击师的部分），此外还有意大利的3个师、伪军帕韦利奇的1万兵力。敌军动用如此强大的兵力，为的是围剿并消灭游击队最高司令部指挥的不足2万人的集团师。

这次攻势是南斯拉夫战场上敌军发动7次最大攻势中的第5次大攻势。按德军前线指挥部计划，战役的第一阶段为纵深包围，持续约10天；第二阶段为歼灭陷入包围圈的游击队，持续约10天；最后阶段为扫荡游击队根据地，彻底消灭游击队残部，持续约几周。德军指挥部还下令：不仅要消灭被围困的游击队，而且要消灭当地的平民，方法是向全部水源投毒。

铁托和最高司令部分析了在利姆河和德林纳河打的几仗，判定要粉碎敌军的攻势，就必须向北、向波斯尼亚突围。因此，最高司令部命令第一无产者旅停止向塞尔维亚进军，取消了攻打莫依利瓦茨和科拉欣的计划，转向弗查方向突围。但是，这次突围因受到敌军顽强阻击而未能实现。于是，最高司令部制定了一个新的突围计划，但新的计划受到一个情况的影响而推迟了6天，丧失了宝贵的时机，这是因为英国军事当局派驻南斯拉夫最高司令部的军事使团比原定日期迟到了，铁托不得不等着英国军事使团。

最高司令部最后确定把苏捷斯卡河作为突围点。德军发现游击队准备向苏捷斯卡河突围，便把一个又一个师调往那里。铁托决定把自己的部队分成两部分突围。第一师和第二师及10个旅为第一部分，他们横渡苏捷斯卡河，向波斯尼亚方向转移，而第三师和第七师及6个旅连同中央医院为第二部分，他们往回走，渡过塔拉河，向桑贾克方向转移。最高司令部同第一部分部队一起走，南斯拉夫反法西斯人民解放委员会执委会同第二

铁托传奇

部分部队一起走。同时铁托指示波斯尼亚人民解放第一突击旅向南挺进，从背后打击敌人，以牵制敌军，支援主力部队突围。

德军虽控制了苏捷斯卡河上游，但未能占据巴拉高地，这个高地是由达尔马提亚第二旅据守的，争夺高地的战斗十分激烈。达尔马提亚第二旅指挥部曾向最高司令部报告说：

"德军以越来越多的兵力，越来越拼命地向我们扑来，我们的人员伤亡达2/3，不过你们可以指靠我们，就当我们的编制是满员的。"

最高司令部和第一部分队伍在行进中不断遭到敌机袭击。敌机肆无忌惮地低空飞行，几乎贴着树梢掠过，寻找目标投下炸弹，甚至可以看见飞行员从机舱里扔出手榴弹，给游击队造成很大伤亡。铁托和英国军事使团被逼进峡谷。一颗炸弹在铁托等人附近爆炸，铁托的手臂负伤，英国使团团长被炸身亡。

德国前线指挥部向柏林报告说：

"位于苏捷斯卡河——皮瓦河的大量敌军已被围困在极其狭窄的地段。可靠情报称，铁托就在其中。现在是战斗的最后阶段，彻底消灭铁托军队的时刻到来了。"

柏林回电指示：

"必须向部队再次强调执行如下命令，即：凡能打仗的人一个也不让活着冲出包围，对妇女也要仔细辨认，以防男扮女装。据说铁托及其主要随行人员都穿上了德军制服，务必对每个人验明身份。"

铁托致电莫斯科讲述这次战役时说：

"我们的处境仍然很困难。敌人再次企图包围我们。在我们向波斯尼亚中部和东部前进的路上，敌人占据了所有高地并构筑了工事，架设了大炮和机枪。敌人从四面八方向我们围攻。敌人伤亡惨重，我们损失也不小。敌机的轰炸给我们造成很大伤亡，英国使团长斯图尔特上尉被炸身亡。英国人对我们说，他们没有想到战争如此艰苦。英国人看到，我们的战士白天打仗，夜间行军，战士们几天不睡觉，没有食物，没有粮食，只好杀马吃，尽管还会有重大损失，但我们能摆脱这种困境。敌人力图消灭我们,但他们是不会得逞的。"

第二师同最高司令部一起于6月12日夜开始突围。主力部队准备越过弗查—卡利诺维克公路。守卫在这段公路的是敌军坦克部队。第二无产者旅的战士们没有完全执行最高司令部关于埋藏重型武器、轻装前进的命令,悄悄地带上一门只有三发炮弹的反坦克炮。他们埋伏在公路旁的灌木丛中,等敌人坦克驶近约十米远时,用两颗炮弹击中两辆坦克,其余坦克不明真相,慌忙后撤,从而保护了自己部队成功越过公路。然而德军援兵赶到,使第二师未能突围。第二师接到最高司令部命令,于次日强渡苏捷斯卡河。战士们与难民伤员混合组编。德军火力雨点般落在河面上。战士们又累又饿,开始畏惧不前。这时传出一个响亮的声音:"共产党员往前冲。"军官和党员冲在最前头。第二师折兵一半,但依然分成小组强行渡河。桑贾克第三旅政委捂着被打断的股骨,喊道:"你们往前冲,我不愿你们为我牺牲。"说罢饮弹自尽。

大部队成功突围了。由最高司令部领导成员吉拉斯指挥的、担任后卫和掩护伤兵的第三师最后渡河。当战士们渡河上岸时,岸上四处静悄悄的,似乎德军已经撤退。正当战士们行进时,躲在碉堡里的德国兵突然猛烈开火。对第三师战士们来说,回头就是死亡,只能冲锋,去夺取所有碉堡。吉拉斯和第三师师长科瓦切维奇下令冲锋。第一批战士冲上去炸毁了一些碉堡,但有一半战士倒下。吉拉斯和科瓦切维奇带领大家再次向前冲,炸毁了一系列碉堡。师长科瓦切维奇中弹身亡,他的侄子、14岁的游击队通讯员也应声倒下,此时第三师一阵混乱,德国兵冲杀上来,展开肉搏。天黑时,第三师战士们都撤入树林,天亮后战士们继续突围。在山上行进时,吉拉斯在山间岩石旁与两个德国兵撞个满怀,开枪已来不及,吉拉斯拔出刀来,刺死了一个敌人。一名战士用枪托击中另一个敌人头部致其死亡。吉拉斯率领战士们就这样边打边突围,一个星期后才追上大部队。

在这场战役中有1300多名伤员牺牲,有30多名医生和200多名护士殉职,有6000多名战士捐躯。

最高司令部和主力部队从苏捷斯卡突围后向亚霍里纳和罗曼尼挺进，一路上袭击德军占领的城镇，解放了许多城镇，从敌军手中缴获了大量武器，装备了自己的部队，又不断补充了新兵源。

德军指挥部不得不承认，他们在苏捷斯卡战役中的目标没有实现。德军前线指挥官李尔后来说，为使被牵制在南斯拉夫的德军脱身并将其调往东线这一原先确定的任务根本没有完成，在这次战役结束后，德军指挥部还要增派部队到南斯拉夫来。

1942年底和1943年初的这两场大战役是南斯拉夫战场上朝着有利于人民解放斗争方向发展的重大转折点。事实雄辩地证明，占领军和形形色色的伪军无论集结多少兵力，都无法歼灭人民解放武装力量。不仅如此，到1943年夏，人民武装力量更加壮大，它拥有57个旅和70支游击分队，组成了18个师和4个军。到1943年底，人民武装力量拥有27个师，9个军，100多支游击分队，总共有约30万兵力。

## 十一、希特勒欲"瓮中捉鳖"，铁托施展"金蝉脱壳"

战打到1944年上半年，德军向南斯拉夫游击队发动过无数次攻势，进行过无数次围剿，游击队却一次次地突破重围，把占领军的进攻转化成游击队对占领军的进攻。铁托游击队不仅未被消灭，而且不断壮大。在盟军与德军争夺巴尔干和中欧大决战即将到来之际，希特勒孤注一掷，再次投入大量兵力，对铁托游击队发起攻势。这次攻势是德军在整个战争中对游击队发动的7次大攻势中的最后一次。

德军总结过去搞大规模围剿的失败教训，决定在这次攻势中采用新战术，即出其不意地打入铁托所在的德尔瓦尔镇，消灭铁托及其领导机构，消灭外国军事代表团，争取抓到铁托。

5月6日，德军"东南线"司令向第二装甲军团下达发动"马跳"战役的指令，要求该军团作好发动"马跳"战役的准备，要求从党卫军第五山地军和第十五山地军中抽调力量来协助执行这一任务。5月10日，东南线司令接到上级通知说，元首认为，迫使铁托最高司令部走投无路并在战斗中消灭它的可能性是很大的。希特勒在自己办公桌上摆着一个德尔瓦尔镇的地形石膏模型，密切关注着这场战役。希特勒对前线指挥伦杜利茨说："铁托是巴尔干头号问题，活捉铁托，把他押到我这里来，我倒要看看他是什么样子。"

5月13日，德军"东南线"司令要求把抓住出其不意的战机作为制胜的前提，指出一切取决于开始行动的方式，即首先党卫军伞兵营在空军的大力掩护下冒最大风险空降，会同适时投入战斗的"勃兰登"师的一部分部队一起，共同摧毁游击队的领导中心。

铁托游击队的领导中心设在德尔瓦尔镇，它坐落在高山峻岭环抱的山谷里，山谷宽4公里，长6公里。铁托没有住在镇里，而是住在镇郊一座山的岩洞里。山岩的斜坡一直伸延到德尔瓦尔镇。在高约100米的陡峭岩石上有一个裂缝，缝里有个大洞穴。在洞的纵深高处建造了一幢小屋，岩石正好覆盖在小屋顶上。洞穴顶上有个朝天开口，刚够一个人爬出。

5月22日，德军发起代号为"马跳"的战役。德军动用了18个师为主力军，其中有大量空降部队和摩托化部队，此外协同作战的还有9个保加利亚师以及15万兵力的各种伪军。德军首先派出侦察机对德尔瓦尔镇和镇郊岩洞进行仔细侦察和拍照，查明了铁托所在的山洞位置。5月24日，约50架各种型号的德军飞机对瓦尔德尔镇进行轮番轰炸。德军摩托化部队突破了游击队在该镇设的防线，同时约15架飞机对镇郊岩石高地进行轰炸，并投下了大量伞兵。当德军伞兵向洞口进攻时，铁托和司令部几位成员还在山洞里。德军向洞口渐渐逼近，一支游击队顽强阻击，德军用机枪火力完全封锁了进出洞口的小路。在这万分危急的时刻，铁托等人在洞顶开口处拉上绳子，逐个爬出洞口，从岩石背后敌军看不见的地方撤退了。当德军冲入山洞时，洞内空无一人，只见到铁托的一套元帅服和一双长筒靴。德军只好以此为战利品上报。事情结果就是这样：这个明明有"鳖"之瓮，却不见"鳖"，而"金蝉"留下元帅服这个"蝉壳"溜了。这场战役中，德军派出的600名伞兵大部分被游击队击毙，只有100多人

活命逃回。

在后来缴获的德军最高统帅部日记中曾这样写道:"由于铁托对整个运动的意义越来越大,元首有令,一旦抓到铁托,必须严守机密。"希特勒干将伦杜利茨回忆说:当希特勒获悉"马跳"战役又失败时,"他简直气炸了。"

## 十二、人民军队、人民政权、人民阵线
### ——解放战争中的三大要素

铁托曾经十分明确地指出,人民军队、人民政权和人民阵线是人民解放斗争中的三大要素。铁托在战争期间始终不渝地致力于这三项建设。

**人民军队的建设**

1941年秋天,铁托总结了开战几个月来各地人民游击队蓬勃发展的形势,提出了要创建"无产者突击旅"的思想。他认为,这样的突击旅是一种特别的游击队组织形式,它不同于迄今已建立的由本地区和本民族的战士组成的、局限于在本地区作战的游击队组织形式,这种突击队是由不同民族的战士组成的,是从游击队中受过战斗锻炼的最优秀战士组成的,它有很强的机动性,是一支不断运动的战斗队,它能在全国各地进行战斗,时刻准备着哪里需要就到哪里去,它善于独立作战,接受最高司令部的领导和指挥。1941年12月22日,第一无产者突击旅成立了,杰出的指挥员科查·波波维奇任旅长。在初次作战中,突击旅显示出很大优越性,取得了重大胜利,从而大大地鼓舞了游击队员们的旺盛斗志。接着第二无产者突击旅、第三无产者突击旅相继成立,从而开创了建立新型人民军队的进程。

1942年下半年,最高司令部根据武装斗争形势的新发展,决定加快建立旅的进程,首先对波斯尼亚—克拉伊纳、科尔敦、巴尼亚等克罗地亚滨海的几个地区游击队进行改编,成立了27个旅,实现了铁托关于"使全

部游击队向更高级组织形式发展"的思想。改编后的这些旅协同作战，仗越打越大，战果也越来越大。于是，关于组成更大部队建制的工作提上日程。铁托总结了抵抗德军在塞尔维亚西部秋季攻势的经验，指出，这次战斗的经验表明，光靠改编的旅是不可能胜利地进行大规模战役的，必须建立真正的军队。1942年11月，最高司令部作出了建立第一批师和军的决定。

1942年11月，铁托在南斯拉夫人民解放军《公报》上发表题为《南斯拉夫人民解放军的创建》一文，文章写道：

"我们的人民军队是由一些游击小分队组成的。它是由赤手空拳举行起义同占领军及其雇佣军进行斗争的爱国志士、农民、工人、正直的知识分子、城乡青年组成的。我们不得不用流血牺牲从敌人那里夺取每一支步枪、每一粒子弹、每一颗手榴弹、每一挺机枪、每一门迫击炮、每一门大炮，打退了在数量上和装备上均占优势的敌人的无数次攻势。敌人千方百计要消灭游击队和游击旅，镇压人民起义。可见我们的人民军队不是自上而下通过一道命令强迫建立的，不是靠兵工厂，不是通过军事后勤装备起来的。相反，我们英勇人民军的每一个战士过去和现在都是通过艰苦斗争，用自己的鲜血从敌人那里夺得武器的……

我国的人民军队是由在浴血奋战中经受锻炼的战士组成的，是由深深扎根于人民之中的我国人民最优秀儿女组成的。因此，这支军队是战无不胜的真正的人民军队。"

在铁托的正确军事路线指引下，南斯拉夫人民解放军不断发展壮大。

到1942年底，南斯拉夫人民解放军拥有的编制是：2个兵团，9个师，36个旅，70个营，总人数达到15万。

到1943年底，南斯拉夫人民解放军有8个军，25个师，108个旅，以及100个游击分队，总人数达到30万。

1943年11月29日，在南斯拉夫人民解放军创建过程中一个具有十分重大意义的事件是：南斯拉夫反法西斯人民解放委员会第二次会议作出关于"授予铁托元帅称号"的决定，与此同时，任命了一批军、师的指挥

官,如在武装斗争中涌现的杰出军事领导人伊万·戈什尼亚克(建国后曾任国防部长)、查·波波维奇(建国后曾任外交部长)等人。

在军事建设方面,铁托还采取其它一些措施,如创办隶属于最高司令部的军事学院,设置了军事情报机构和军事法庭。

至1944年夏天,人民解放军有11个军,44个师,总人数达到35万。

至1944年底,人民解放军已有57个师,总人数达65万。

至1945年初,人民解放军总人数达到80万。

在致力于人民军队建设的同时,铁托也十分重视党的建设。为保证党在军队中的领导作用,在游击队向正规军发展过程中党组织的建制也随之健全起来。南共中央提出了军队中党组织建设的基本原则,即规定在连队设党的基层组织,即支部,营一级设党的领导机构,即总支,旅一级设党领导人的职务。规定旅的党领导人直接同省或地区党委员会建立联系,由最高司令部直接指挥的旅,旅的党领导人直接同南共中央建立联系。

南共中央十分重视党的组织发展工作。战争初期,大批农民加入游击队,许多游击队员要求入党,但党的队伍发展缓慢。南共领导及时指出在发展党员的工作中存在"关门主义",要求各基层组织在吸收党员时,对在战斗中士气高昂、品质优良的战士,不要因为他们的政治思想水平和文化水平低而把他们"拒之门外"。在克服了这种"关门主义"倾向后,党的组织工作沿着正确的道路发展,军队中党员的人数不断增加。到1943年南共拥有2万党员,战争结束时,南共拥有14万党员。

党支部和共青团小组在青年党员战士中有组织地进行政治思想工作和文化教育工作。党员在战斗中和在遵守纪律方面都成为优秀模范,他们不怕牺牲,冲锋在前,因而损失也很大,战前入党的党员有3/4在战争中光荣牺牲。人民军队成为政治上和道德上坚强的战斗集体。

**人民政权的建设**

从战争一开始,南共就把南斯拉夫人民反对法西斯侵略的斗争同反对出卖国家利益的反动政权的斗争紧密地联系起来,把驱逐法西斯占领者同建立新政权结合起来。铁托曾指出，"从我们反抗占领军的第一天起，就必须开始建立起一个新的人民政府来代替旧政府。"就是说，"不仅要把德国人和意大利人从我们国土赶出去，而且要建立一个不再是大国的卫星国、一个开发自己无穷天然资源的南斯拉夫，一个没有人剥削人的南斯拉夫。"

1941年9月，乌日策市及其周围许多山区小镇都获得了解放，乌日策成为这一片解放区的中心，南共中央和游击队最高司令部都驻扎在这里。南共在乌市开展了建立人民政权的工作，以民主方式选举产生出的人民解放委员会，作为人民政权机构，取代了已被消灭的旧政权。铁托当时对人民解放委员会下了这样的定义：它应成为人民政权的临时担当者，它的义务是履行有利于人民解放斗争的职能，除了履行战争期间军事管理委员会的职能外，还拥有管理该地区的全部职能。

当时在乌日策出版的《战斗报》对人民解放委员会的职能作了如下阐述：组织人民群众保证供应前方战士所需的一切，保证解放区的治安，安排好解放区正常的经济生活以及商业、交通、对贫困阶层和军烈属的救济等。

乌日策建立人民政权的典范，推动了南全国各解放区人民解放委员会的广泛建立。

铁托后来说："正是由于早在1941年就建立的这种人民政权，即人民解放委员会，才使得持续了四年的不断斗争得以顺利地进行，正是由于建立了这样的人民政权，才有可能保卫伟大解放斗争的成果。"

1942年9月，最高司令部颁布了《关于人民解放委员会选举、结构和任务》的条例。直到战争结束，这个文件一直是人民政权机关发展和活动的依据。

1942年10月，比哈奇市重新回到人民的手中。在以比哈奇为中心的5万多平方公里的土地上进行了人民解放委员会的创建工作，建立起统一的人民政权体系。人民政权机关广泛地动员人民群众保证军队供应、伤员看护和交通维持等工作；安排解放区的经济生活，包括组织抢收庄稼和播

种，恢复工厂生产，整顿商业等；关心社会救济、建立卫生机构：组织文化教育生活，如帮助小学复课、办扫盲班、建文化馆、出版报刊杂志等。

1942年11月26日，在比哈奇召开了南斯拉夫反法西斯人民解放委员会全国代表会议。会议通过了《关于南斯拉夫反法西斯人民解放委会成立和组织的决议》和《南斯拉夫反法西斯人民解放委员会告南斯拉夫人民书》。这次会议呈现出以南斯拉夫各族人民平等新关系为基础的新的国家组织轮廓。

1943年11月29日，在解放区雅伊察召开了南斯拉夫反法西斯人民解放委员会第二次会议，铁托在会上说，"人民解放委员会在各个解放区甚至在敌占区都已建立起来了。它们受到人民的拥护，得到人民的信任。起初人民解放委员会更多地是作为游击队进行解放战争的辅助力量而建立起来的。在创建了人民解放军后，这些委员会就成为唯一的真正的人民政权。"

会议通过了关于在联邦原则基础上建立南斯拉夫的决定，决定保证各民族完全平等、各民族拥有自决权。

会议宣布剥夺流亡在国外的所谓南斯拉夫政府作为南斯拉夫合法政府的所有权利，特别是剥夺其在国外代表南斯拉夫人民的权利。会议宣布："从今天起唯有南斯拉夫反法西斯人民解放委员会才能代表南斯拉夫人民的意志。"

会议还宣布：不准国王彼得·卡拉乔尔杰维奇二世回国，国王和君主政体问题留待全国解放后由人民根据自己的意愿来解决。

在解放战争的烈火中诞生的人民政权必须得到国际的承认，这是一场尖锐而复杂的斗争。仍然得到国际承认的南斯拉夫流亡政府妄图实现"摘桃"梦想，它支持曾帮助德国侵略者打击人民解放力量的米海依洛维奇向人民解放力量争权，要求南斯拉夫反法西斯人民解放全国委员会和南斯拉夫流亡政府按平等原则组成新政府。雅尔塔三巨头会议也曾建议南斯拉夫反法西斯人民解放全国委员会增补战前选出的南斯拉夫议会议员。铁托为维护人民新政权进行了坚决斗争，他照会苏美英三国，揭露南斯拉夫流亡政府和米海依洛维奇的叛国行径，断然拒绝了上述无理要求和不公正的建议，要求盟国承认南斯拉夫反法西斯人民解放全国委员会为南斯拉夫的唯一合法政府。由于铁托的坚定立场和人民解放斗争的巨大胜利，人民政权终于得到国际的承认。

南斯拉夫解放后，把南斯拉夫反法西斯人民解放委员会召开第二次会议的这一天即11月29日定为国庆日。

**人民阵线的建设**

早在1936年，在共产国际第七次代表大会上，针对当时日益增长的法西斯主义的危险，铁托就提出建立反法西斯人民阵线的主张，呼吁各国共产党通过各种形式建立有农民和社会各阶层、各民主党派参加的广泛的反法西斯人民阵线。铁托领导的南共从南斯拉夫实际出发，制定了切实可行的人民阵线纲领，通过同青年和平运动、红色援救会、天主教会等各种形式组织的联系，宣传共产党的政策，扩大党的影响。针对南斯拉夫王国政府向法西斯求和的政策，组织了多起群众示威游行等重大政治活动。一些资产阶级政党和东正教会为反对政府与罗马教廷缔结协约组织抗议活动，南共给予积极支持。

铁托在1937年11月写的题为《共产党人与天主教徒》一文，在各阶层中引起很大反响。铁托写道：

"就世界观而言，我们共产党人是辩证唯物主义者，天主教徒就其哲学观来说，是唯心主义者，他们相信神和教义。这两个世界观的对立是无法克服的。如果两个哲学家在森林里遇到一只猛兽向他们扑来，要把他们撕碎吃掉，你们说怎么办？大家只有齐心协力。我们今天情况就是这样，现在法西斯和战争这个大敌向我们扑来，这个危险把一切都推到次要地位。所以共产党人向天主教徒伸出手来。面对战争和法西斯的黑暗势力的危险，让我们为了共同捍卫和平和全人类的幸福而伸出手来。"

1941年，南共领导人民开展反对占领者斗争伊始，铁托就强调这场武装斗争"应该具有最广泛的性质，应包括一切向法西斯开火的人们"；强

调"游击队之所以称作人民解放游击队,是因为它不是任何一个政党或政治团体的战斗组织——具体地说也不是共产党的战斗组织,尽管共产党人战斗在最前列,而是南斯拉夫各族人民的战斗队,一切爱国者都应在其中战斗,不论其政治信仰如何。"

在整个反法西斯战争过程中,一个最重要、最响亮的口号是:

"一切为了阵线,一切为了胜利!"

这一口号吸引了各阶层群众,特别是吸引了农民和知识分子、各种不同政见、不同宗教信仰的爱国志士加入抵抗占领者的队伍。这一口号激励一切爱国志士,齐心团结去争取最后胜利。一切爱国志士明白:建立人民阵线,是为了夺取胜利,要取得胜利,不能没有人民阵线!

## 十三、铁托在催人泪下的阅兵式上发表感人肺腑的讲话

1944年9月,随着南斯拉夫人民解放军反对占领军的斗争节节胜利,铁托最高司令部着手准备解放贝尔格莱德的大战役。铁托于1944年9月赴莫斯科,第一次与斯大林会晤,商谈下一步战役问题。铁托请求苏联派出一个坦克旅帮助南斯拉夫人民解放军解放贝尔格莱德,斯大林答应了铁托的请求。苏军抵达南斯拉夫边界后,经南斯拉夫反法西斯人民解放全国委员会允许进入了南斯拉夫东部地区。南斯拉夫人民解放军最高司令部派出由9个师组成的军团与苏联红军联合行动,打响了解放贝尔格莱德的战斗。敌军疯狂抵抗,仗打得十分激烈,双方伤亡都很大。经过6天的激战,南斯拉夫人民解放军和苏联红军终于攻克了贝尔格莱德城。1944年10月20日,贝尔格莱德解放了。

贝尔格莱德解放后,铁托立即举行了一个阅兵式。阅兵式地点设在贝尔格莱德郊区德国人杀害了3万多名南斯拉夫人的集中营附近。

在阅兵式上铁托检阅了部队。

这是一个很特别的阅兵式,没有仪仗队,没有服装整齐闪亮的各兵种

方阵，没有划破长空的战机编队，没有发出轰鸣声的坦克装甲车队。第一批走过主席台接受铁托元帅检阅的是1941年成立的第一无产者旅，接着是贝尔格莱德营。贝尔格莱德营3年前从贝尔格莱德出发，转战全南斯拉夫，当这个营此时回到贝尔格莱德时，当年的士兵中只有2个人活着回来。接受铁托元帅检阅的是军装破旧不堪、年龄大小不等、个子高矮不齐的士兵。他们当中既有身经百战的老官兵，也有刚入伍年仅十六七岁的小兵。他们手握各种各样的武器，一眼就看出是从敌人手中夺来的。他们很多人身上穿的是从被打死的敌军士兵身上扒下来的服装，既破又脏。他们脚上穿着破旧的鞋子，身上不规则地挂着水壶、手榴弹。这些接受检阅的官兵都是刚从战场上下来，而且马上还要投入最后的战斗，去彻底消灭法西斯，解放全国。令人钦佩的是，官兵们个个昂首挺胸，精神抖擞地走过检阅台。出席阅兵式的盟国战友及记者，无不为之感动。

铁托在阅兵式上发表了感人肺腑的讲话，他说：

"三年半前，在这个饱受苦难的城市里，人民对所谓不可战胜的侵略者进行了第一次抵抗。贝尔格莱德和其他城市的人民不愿向已征服全欧洲的侵略者低头，进行了抵抗。当征服了欧洲许多国家的希特勒匪帮大举进攻我们的伟大联盟——苏联时，南斯拉夫各族人民知道，斗争的时刻到来了。南斯拉夫各族人民增强了信心，相信解放的一天会到来。塞尔维亚、舒马迪亚、黑山的儿女们出征了。他们和克罗地亚、斯洛文尼亚以及其他民族的兄弟们联合起来，并肩作战，在极其艰苦的环境下坚持同强大的敌人英勇地斗争了三年半。现在，塞尔维亚的儿女们回来了，但人数大大地减少了。塞尔维亚最优秀的儿女们把自己的忠骨留在了黑山、达尔马提亚、波斯尼亚的山岗上，化作了各民族的兄弟情谊和团结。回来的只有一小部分，但他们变得更坚强了。他们和克罗地亚、斯洛文尼亚、达尔马提亚和伏依伏丁那的儿女们一同回来，共同解放了贝尔格莱德城。在这里，光荣的红军和我国人民解放军第一次联合作战。贝尔格莱德的街头洒满了我国各族人民儿女的鲜血，也洒满了英勇的红军——苏联的儿女们的鲜血。

"我们的使命不仅是解放自己的国家,而且还要和盟军一道把敌人赶回他的老窝,并在那里制服这个妄想征服全人类的怪物。"

这次南斯拉夫人民解放军和红军联合作战,是整个战争中的唯一的一次。南斯拉夫战场的其他战役和彻底解放全南斯拉夫的战役都是南斯拉夫人民自己独立进行的。

## 十四、为彻底打败希特勒和解放南斯拉夫而发起总攻

1945年3月,南斯拉夫全国大部地区获得解放,从而使南斯拉夫战场上的态势发生了有利于南斯拉夫人民解放军的根本转变。由于缴获了大量的战利品和得到了盟国的援助,由于解放区的生产规模不断扩大,人民解放军的补给大大增强,大批青年源源不断地入伍,人民解放军已发展壮大到80万人。

在南斯拉夫人民解放军发起总攻势前,在南斯拉夫战场上还有德国"E"集团军的7个军和17个师共约45万人。此外,还有各种伪军23万人,其中"克罗地亚独立国"的武装力量是主力,有17万人。

南斯拉夫人民解放军最高司令部分析了欧洲战场形势的变化,估计到红军左翼突破罗马尼亚边界后可能开始进行争夺巴尔干的决战,于是着手制定彻底解放全国的战斗计划。这个计划是按盟军对纳粹军队进行最后决定性攻击的总计划精神制定的。由于南斯拉夫人民解放军的兵力对占领军占压倒性的优势,也由于已经建立了强大的而稳固的后方,铁托决定主力部队对敌开展阵地战和歼灭战,而人民解放军的其他部队则对盘据各地的占领军使用游击战术,对其骚扰、突袭,使其处于孤立无援的境地。

在苏联红军抵达南斯拉夫东部边境之前,南斯拉夫人民解放军的17个师已解放了塞尔维亚大片地区。这一行动的战略意义在于阻挡德军从希腊朝这个方向撤退,便于南斯拉夫人民解放军和苏联红军在南斯拉夫东部边境会师,从而把这个地区的拥有40万兵力的50个师纳入盟军从四面八方包围德军的总战线中。

1945年3月20日，南斯拉夫人民解放军向南斯拉夫境内的德国占领军及其帮凶发起总攻的号角吹响了。铁托元帅指挥千军万马，追穷寇，灭顽敌。人民解放军大部队从贝尔格莱德——萨格勒布——斯洛文尼亚全线压上，给德军造成沉重压力。第四军团沿亚里亚海沿岸向北挺进，突破了德军在利卡的防线，解放了利卡和克罗地亚的沿海地区，推进到南斯拉夫和意大利的旧边界，解放了的里雅斯特港。5月2日，驻意大利盟军部队司令亚历山大陆军元帅致电铁托："这是您个人的战略胜利，是您的优秀士兵的胜利。"

第三军团和第一军团从德拉瓦河和萨瓦河向克鲁奇挺进。第二军团强渡博斯纳河，解放了博伊，抵达乌纳河，协同第一军团打响了解放萨格勒布之战。5月8日，萨格勒布市获得解放。这样就把在巴尔干的德军部队连同伪军堵进了死胡同。盟军攻破柏林后，德军于5月9日全线缴械，并签署了无条件投降书。可是在南斯拉夫战场上的德军部队仍负隅顽抗，不肯投降，他们力图逃往奥地利向英美联军投降，以逃避因对南斯拉夫人民犯下的罪行而受到严惩。但是他们未能逃脱南斯拉夫人民布下的天罗地网，5月15日，德国"E"集团军所有在南斯拉夫的部队连同西南线司令李尔一起统统被俘虏。

南斯拉夫战场上的这场结束性战役打得十分漂亮。从3月20日至5月15日持续55天的全国解放的总战役中，人民解放军击毙敌军近10万人，俘虏20多万人，缴获来福枪18万枝，自动武器2万多件，大炮1500门，汽车3600多辆，飞机40架以及大量军需物资。在这场战役中，南斯拉夫人民解放军有3万多人牺牲，有7万多人受伤。

## 十五、南斯拉夫人民为世界反法西战争胜利作出重大贡献和巨大牺牲

**重大贡献**

第一，1941年4月，希特勒开辟了巴尔干战线，占领了南斯拉夫。由

于遭遇到南斯拉夫人民的顽强抵抗,希特勒的全盘战略部署被严重地打乱了。希特勒被迫修改作战计划,把进攻苏联的战役推迟了5个星期。这5个星期的推迟给希特勒造成无可挽回的损失,而盟军、特别是苏联则因此而赢得了宝贵的时间。苏联利用这宝贵的时间加紧军事储备,加紧武器生产。更为重要的是,这5个星期的推迟,使德军在推进到莫斯科附近时,已是寒冬季节,莫斯科的严寒使德军严重受挫。英国首相丘吉尔在后来发表的回忆录中写道:

"谁也无法准确估计,重大战役推迟5个星期给盟军带来了多大好处,尤其难以估计这个推迟对严冬到来以前德俄交战会有什么结果。完全有理由说,莫斯科因此而得救。"

第二,德军于1941年占领了南斯拉夫后,只留下3个师用来保持占领区的稳定。德军在遭遇铁托游击队顽强抵抗后,被迫从其他战场上调遣兵力来镇压游击队。从1941年底至战争结束,铁托游击队牵制了约50万的占领军,从而减轻了其他战场上对盟军的压力。此外,铁托游击队的斗争还使德国把南斯拉夫变成其原料供应地、变成德军进攻苏联的后方供给基地的企图化为泡影。

第三,在世界反法西斯战争最后阶段,铁托指挥南斯拉夫80万大军,配合红军,追击直至彻底消灭盘踞在南斯拉夫的德军,从而为世界反法西斯战争的最后胜利,作出了重大的贡献。

第四,为欧洲乃至世界被奴役的人民作出光辉的榜样。铁托和南斯拉夫人民以自己的行动向世界证明:人类为了自由和尊严一定能战胜任何邪恶势力;弱小国家和人民,为了拯救民族免于灭亡,只要不怕牺牲,敢于顽强斗争,就能用赤手空拳打败比自己强大百倍的敌人。1942年2月,共产国际致电铁托,请他以南斯拉夫人民名义向欧洲被奴役的人民、特别是法国和捷克斯洛伐克人民发出呼吁书,用南斯拉夫人民不怕牺牲的英勇行动激励他们勇敢地去反对法西斯。铁托立即这样做了。

**巨大牺牲**

第一，在这场战争中，南斯拉夫牺牲总人数为170万，占当时南斯拉夫总人口的11%，是除苏联和波兰外在第二次世界大战中牺牲最大的国家。在这170万牺牲总人数中，游击队员和人民解放军战士在战场上牺牲者达30.5万人，受伤战士达42.5万人。被占领军屠杀的平民和充当卖国贼部队士兵而丧生者有140万人。数10万南斯拉夫公民被运往德国从事强迫劳动，9万南斯拉夫人被关进纳粹集中营，其中有6万人死在那里。

几乎没有一个城市、一个村庄不受占领者的洗劫。全体居民，无论妇女、儿童、老人都饱受战争带来的痛苦和精神创伤。他们常常遭到轰炸，躲进森林，忍受饥寒和疾病的折磨。

第二，物质损失十分惨重：全国的工业设备被破坏了70%，2.8万公里的公路被炸毁，铁路、桥梁几乎全遭破坏，29万农户及其农具完全被毁，29万公顷森林遭毁灭，牛马猪羊的数量减少了一半，190万车皮粮食被抢走，80万栋建筑物被推毁，350万人无家可归。1945年与战前相比，平均生活水平下降了一半。

南斯拉夫在物质方面的损失相当于美国损失的7倍，相当于英国损失的2倍，相当于希腊损失的3倍。

## 十六、敌军对铁托游击队的无奈感叹

1943年2月，希特勒对其干将希姆莱说："我们的军队对维护我们在南斯拉夫的利益无所作为，现在我可以断定，在那里必须找到另一种办法，那就是消灭铁托其人。"

1943年8月，希特勒在同其干将伦杜利茨谈话中，要求弄清巴尔干和军事政治形势时说，"铁托是巴尔干头号问题。"

1944年4月，希特勒下令："活捉他，把他押到我这里来，我倒要看看他是什么模样，如果抓住他，要活着送到德国最高统帅部来，不要让任何人知道。要是抓住他，我们将行最隆重的军礼枪毙他。"

铁托传奇

1944年9月，希特勒的干将希姆莱向德国高级军官训话时说："铁托这个老共产党员是个倔强的人，他确实无愧于元帅称号。要是能抓住他，立即处死。他是我们的敌人，但我希望我们德国有一打铁托。要想当领袖，就要有这种坚定性和这种健全的神经。即使永远被包围，他也不会投降。这个人毫无顾忌，无所畏惧。"

1943年，德国前线指挥部给下级通报如下敌情：

"敌人非常机动灵活，大多数没有任何军需库，而是就地得到供应。他们分组活动，善于突然集中某地进行袭击，这就要求我们像猎犬一样十分警觉。游击队总在有利之处突然出现，袭击后转移到遥远的地方去。由于他们在辽阔的地带分成小股活动，当我们大搜捕时他们巧妙地逃脱，所以很难迫使他们进行决定性的歼灭战。他们常常大胆地、疯狂地突然地从近处发起迅雷不及掩耳的袭击，就像从地里冒出来一样出现在你的跟前，往往只有几个人，却拼命冲上来。"

德国将军麦克莱恩在自己的回忆录《巴尔干战争》中写道：

"南斯拉夫游击战争的方法是很独特的。这里没有固定的战场。由于游击队是用小型武器同装备精良的我军作战，所以他们努力避开阵地战，因为打起阵地战他们是要吃亏的。他们向我军目标暴露最明显和最薄弱的地方袭击。他们不在一个地方呆太久，而是完成了一个行动后立即撤入深山密林，使对手无法追捕。"

1942年5月，意大利第十一军军长在向其部下作报告时说："南斯拉夫游击队原来只有少数人藏在森林里，不久前他们的活动还仅限于骚扰巡逻队和过往车辆，后来就发展到介于游击战和正规战之间的行动，如向我们部队发起强攻，包围小规模的卫戍队，令其投降。"

1942年7月，意大利第十八军军长给其部下的信件中写道：

"必须记住，在我们所进行的战争中，敌人力图采用突然袭击的手法，他们经常得逞，敌人在特种游击战中占了上风。我们通常喜欢搞的包围很少成功。"

1942年，意大利第二军团司令阿姆布罗基奥对南斯拉夫战场上的形势分析如下：

"我们的部队由于装备笨重，行动迟缓，与此相反，敌人却极其灵活，行动灵便，从不受交通的影响，对地形了如指掌。他们很重视夜行军的能力，通常在一夜间背着规定的负重在崎岖小路上行军40公里，而且要连续几夜。他们通常只走猎人和牧羊人走的小路，由地下交通员一站一站地找向导。"

德军前线指挥部在回顾德军1941秋对游击队发动第一次攻势时写道：

"1941年深秋，当德国军队准备在乌日策附近偏僻山区包围起义军主力时，铁托的一部分无产者旅撤退到克罗地亚去了。就是说，正当我们以为可以在火源地扑灭火苗时，烈火却蔓延到另一个地区去了。"

## 十七、同盟国领导人和媒体对铁托和南斯拉夫人民英勇斗争的高度评价

《斯拉夫人》杂志1944年第一期刊登了苏联最高苏维埃主席团主席加里宁的文章。文章谈到南斯拉夫人民解放斗争时指出：

"南斯拉夫各族人民的斗争是了不起的。在那里游击队运动已成长为以精锐的人民解放军为主力的全民战争……南斯拉夫从被占领的国家变成开展斗争、牵制敌军大量兵力的国家。"

1944年2月，斯大林在复铁托对苏联红军创建二十周年的祝贺时说：

"兄弟的南斯拉夫各族人民和他们的光荣的人民解放军反对德国侵略者的英勇斗争，激起苏联各族人民的深深敬佩，成为激励欧洲一切被奴役人民的榜样。"

1945年，苏联最高苏维埃主席团授予铁托"胜利勋章"，表彰铁托"在指挥大规模战役中的特殊功绩，这些战役有助于盟国战胜希特勒德国。"

1946年，苏联元帅朱可夫访问南斯拉夫时，在欢迎他的宴会上说：

"在法西斯军队逼近莫斯科、列宁格勒、斯大林格勒的艰难日子里，

苏联人民和苏联军人以感激的心情望着你们南斯拉夫。当时你们在南斯拉夫极其困难条件下英勇地同占领者展开斗争,牵制了法西斯军队的大量兵力。"

1944年5月24日,英国首相丘吉尔在英国下议院说:

"我们坚决地同铁托元帅站在一起,因为他正在同德国军队进行英勇而顽强的斗争。一位伟大的新战士登上了舞台。"

1953年,蒙哥马利元帅访问南斯拉夫时说:

"我从铁托身上看到一位强有力的人物,一位伟大的人物和有独立性格的领袖,他具有政治勇气、耐心和作出决策的能力。他是具有伟大性格的人,具有非常引人注目的性格。他很英明,是一位伟大的军事家和政治领导者。铁托确实是一位伟人。"

1943年12月15日,英国《每日快报》刊登题为《铁托的令人钦佩的历史》的文章,文章写道:

"铁托这位五金工人现在是南斯拉夫人民解放军最高统帅。铁托作为把南斯拉夫从德国人手中解放出来的人物已在历史上占有地位。关于他的神话传遍巴尔干。铁托虽然没有上过军官学校,却表现出大胆指挥战役的了不起的思想。当他的部队壮大起来后,他就把这些部队组成正规军。他打仗很勇敢,今年夏天,他的总司令部被包围,铁托的左臂被弹片炸伤,德国人离他只有几百米,但他毫无惧色。"

## 十八、铁托对南斯拉夫人民解放战争的深邃回眸

南斯拉夫解放后,铁托十分重视对这场南斯拉夫人民解放战争的深入研讨和总结工作。1946年,他在《共产党人》杂志第一期上发表了题为《解放斗争和南斯拉夫革命改造的特点是什么?》的文章。文章指出,有必要对这场如此复杂而又丰富的斗争进行深入的分析和科学的研讨,而自己的这篇文章则是开个头,指明个方向。

铁托在这篇文章中指出,"国外许多人,甚至一些对南斯拉夫友好的

左派人士，把南斯拉夫英勇的人民解放战争说成是'某种侥幸和偶然性'，对南斯拉夫全民起义和解放斗争的胜利，提出非常荒唐的论据，说'这是由于南斯拉夫有高山密林'，说南斯拉夫人'对生与死具有原始民族所特有的某种宿命论'，是某种'不自觉的自发行为'，'某种近乎冒险和自杀的亡命徒行为'。"铁托指出，这些言论是诽谤性和侮辱性的。

在这篇文章中，铁托全面地阐述了南斯拉夫人民解放斗争的特点：

第一，由于旧南斯拉夫高级军事领导机构吓破了胆，由于它无所作为和卖国，旧南斯拉夫军队进行了几天软弱无力的抵抗之后就投降了。大部分军人被俘，全部武器和其他军用物资都落入占领者手中。就是说，由于军事领导和国家领导的叛变，人民面对着不仅是来奴役他们而且是来灭绝他们的最强大的敌人，却没有军队，也没有武器。

第二，国家机器垮了，以国王为首的政府逃亡国外，让被奴役的国家听任命运的摆布。

第三，被抛弃的南斯拉夫人民，在没有军队，没有武器，没有军需库，没有将军和军官（只有少数例外）的情况下，在南斯拉夫共产党的领导下，奋起进行了反抗占领者的武装斗争，赤手空拳地从敌人手中夺取武器，为自己的自由和独立进行了殊死斗争。

第四，在人民进行反对占领者的武装斗争前夕，我们同其他政党没有实行任何联合，因为其他政党的许多领导人为占领者服务，而另一些领导人则在消极观望，等待形势的变化。当时在南斯拉夫各地区都是这种情况（斯洛文尼亚除外，那里成立了解放阵线）。人民不分党派、民族或宗教信仰，都响应共产党的号召，投入斗争。

第五，一支新的人民军队在斗争过程中发展起来并受到锻炼。第一批游击部队构成了这支军队的核心，来自人民并在长期的殊死血战的战场上学到本领的新军官担任了军队的领导职务。

第六，无论是游击队的斗争还是新的人民军的斗争（这支军队的第一个旅于1941年12月按正规部队的编制创建起来了。之后，又迅速地建立起越来越多的旅和师，到1942年就有了一支强大的人民解放军）都不是

短暂的现象。这是一场对占领者和卖国贼的持久战,是一场具有这类战争的一切后果的血战,是一场拼死的战争;这是一场全民战争,但是组织得很好,是由一个中心即最高司令部领导的;这是一场游击战和阵地战相结合的全民战争,由于有解放区而且还建立了大部队师和军,所以我们有条件进行阵地战。

第七,尽管敌人在人数上和装备上占优势,尽管我们是用比敌人差得多的武器在整个南斯拉夫进行这场解放战争,但在整个战争期间,不管在哪里,敌人都没有能够消灭人民的力量,相反,这些力量往往经过许多艰苦战斗之后越来越壮大起来。

第八,尽管这是一场毫不妥协的、需要牺牲大量人力和人民财产的极其残酷的斗争,然而人民丝毫没有动摇,没有放弃斗争。相反,人力和物力的这种巨大损失(常常是整个地区和全部财产被毁灭)更激起人民坚持到底的决心和顽强精神。

第九,南斯拉夫各族人民不仅反对占领者,而且也反对占领者的同盟者,即卖国贼匪帮。尽管占领者和卖国贼勾结在一起,我们各族人民在自己的伟大斗争中还是取得了胜利。

以上就是南斯拉夫各族人民解放斗争的特点,也是这一斗争的伟大之处。在被占领的其他欧洲国家里都没有这样的斗争。我国人民有理由为此而感到自豪。

1948年,铁托在南共第五次代表大会总结四年反法西斯战争取得胜利的原因时,指出了以下几点:

第一,南斯拉夫共产党之所以能组织南斯拉夫人民武装起义并成为领导者,正是由于党坚强团结和党员守纪律,其次还由于它和人民群众有联系,由于南共在重大问题上执行正确的政策。

第二,无论是战前或战争期间,南斯拉夫共产党不断地教育党员和所有劳动群众要忠于伟大的苏联,要宣传苏联在伟大的解放战争期间所起的伟大解放者的作用。没有苏联的这种作用,就不可能有对法西斯侵略者的胜利,因而也就不可能有南斯拉夫的解放,不可能建立新的南斯拉夫。

第三，南斯拉夫共产党得到南斯拉夫各族人民的无限信任和爱戴，是因为它不仅在口头上而且在行动上证明它忠于自己的人民，因为它在我国各族人民历史上最艰苦的日子里，毫不动摇地领导工人阶级，组织人民起义。

第四，南斯拉夫共产党不仅能组织，而且能够胜利地举行人民武装起义，是因为南斯拉夫工人阶级为第一批游击队输送了自己的最优秀儿女，是因为工人阶级构成了我国的无产者旅和突击旅的核心，而这些旅都成了培养起义领导干部的学校。其次，党之所以能够做到这一点，是因为它在最艰苦的斗争过程中采取了建立正规部队的正确方针——即建立了人民解放军。党依靠这支军队，在战争过程中不但能够解决胜利地进行反对占领者斗争的问题，而且能够解决政权问题，即战胜反动派和建立新南斯拉夫的问题。

第五，南斯拉夫共产党之所以能够这样顺利地开展武装斗争，是因为在整个战争过程中，南共的政治路线丝毫没有发生动摇，是因为南共在以下三个问题上向南斯拉夫各族人民指出了明确的前景：（1）在成立人民委员会作为未来国家组织的基础问题上；（2）在南斯拉夫各民族之间的关系问题上；（3）在解决社会、文化、经济和其他一切问题上。

第六，因此，南斯拉夫共产党得到广大农民群众、正直的知识分子和公民的无限信任，因为早在战争期间它就已经表明自己是言行一致的，它用事实证明了它为了城乡广大劳动群众的利益而坚定不移地贯彻自己的路线，它用事实证明它同人民有着不可分割的联系。

第七，南斯拉夫各族人民早在1941年就已表明，他们把反对占领者的斗争，即反对共同敌人的斗争，看作是光荣的事业，他们把争取解放祖国的斗争看作是自己的首要任务。因此，南斯拉夫各族人民为了争取盟国人民反对共同敌人的胜利，为了争取本国的自由，作出了巨大的牺牲。

1976年12月21日，铁托在贝尔格莱德高等军事学院发表的讲话中，强调在回顾这场人民解放战争时，应该指出其中的几个重要方面：

我们解放斗争的全部历史表明，我们从未有过把我们的武装起义降低

到游击战或抵抗运动水平的危险，因为在南斯拉夫共产党领导下，在这个国家所开展的是具有长远目标的不屈不挠的解放斗争。

从这个方面看来，具有特别重大意义的是什么呢？

第一，坚持武装斗争的一贯方针和建立强大的武装力量。

第二，对南斯拉夫各地广大人民群众的信赖。

第三，创建作为对人民进行军事和政治动员的自由区，建立人民政府和群众性的政治组织；

第四，发现战争和革命每一个阶段的最合适的军事组织形式，这些形式是我们独创的、最适合于发动群众投入战斗的需要。

第五，独特的游击战术，这种战术使我们能够掌握主动权和实施机动的自由，这种战术随着人民解放军的加强而不断发展。

# 南苏冲突篇

——国际共运中最先起来反对苏联大国大党主义，要求
  各国各党独立与平等，不屈服于任何压力

## 一、铁托与苏共分歧由来已久

　　本书成长篇中讲到，1938 年铁托当选南斯拉夫共产党总书记后做了三件大事，第一件是整顿党组织，第二件是把设在国外的脱离国内斗争的党中央迁回国内，第三件事是摆脱共产国际的监护和不要苏联给南共的补助金，后两件事都是与苏共有关。把党中央机构迁回国内，有利于南共直接领导组织开展斗争，同时也是为了摆脱共产国际对南共的监控和干预；不要苏联的补助金，财政上自力更生，更是为了使南共摆脱对苏联的依赖。归根到底，铁托就是要独立自主，不受外来干涉。这个要求对苏共来说是大逆不道的，是不能接受的。由于不久就爆发了战争，两者的矛盾暂时没有突显出来，但是铁托不愿受制于人的思想在反法西斯战争中、在建国后愈发强烈，而苏联的大国主义也愈发膨胀，两者相撞，必然冒出火花。

　　在反法西斯战争期间，双方就在一些问题上发生过摩擦。

　　第一，苏联和南斯拉夫王国在战前就有外交关系。战争爆发后王国政府流亡到伦敦，直到 1942 年上半年，苏联同南斯拉夫流亡政府一直保持着关系。1941 年，王国政府军被德国侵略军击溃后，以米海依洛维奇上校为首的一股部队逃入塞尔维亚深山，实行不抵抗政策。英国和南斯拉夫流亡政府把铁托游击队开展的武装斗争都记在米海洛维奇的功劳薄上，并敦促苏联对铁托游击队施压，迫使其接受米海依洛维奇的指挥。苏联考虑到与盟国英国和南斯拉夫流亡政府的关系，对铁托游击队的表态谨慎，特别是在战争前期很少提及铁托游击队的活动，有时甚至还提及米海依洛维奇的活动，对此，铁托很不满意。

　　第二，1941 年底，铁托从对敌作战需要考虑，决定成立"无产者突击旅，"使游击队向准军队化方向发展。铁托将此事向共产国际报告后，共产国际致电铁托，强调指出："在现阶段与你们有关的就是从法西斯压迫下解放出来，而不是社会主义革命。"共产国际还说，"没有必要成立什么

'无产者旅',因为这样做会使英国猜疑游击队的目的是苏维埃化。"铁托对共产国际的意见不予理睬,并且接连成立了数个"无产者旅"。这些旅战果累累,使南斯拉夫游击斗争提升到一个新水平。

第三,早在1941年秋,在游击队解放了的许多地区,纷纷以民主方式选举产生了具有地方政权性质的人民解放委员会。1942年底,当人民解放战争取得更大胜利的时候,建立全国性的具有临时政府性质的人民权力机构的条件成熟了。1942年12月26日,在解放区比哈奇召开了南斯拉夫反法西斯人民解放委员会第一次全国会议。会前,铁托曾将有关情况向共产国际作了报告。共产国际致电铁托称,你们必须使这种委员会只具有南斯拉夫各民族、各党派反法西斯团体的性质,而不要把这种委员会当作一个政府,不要把它和流亡伦敦的南斯拉夫王国政府对立起来。铁托对共产国际的这个意见也未予理睬,会议按原计划进行。1943年11月29日,在解放区雅伊察召开了第二次反法西斯人民解放全国委员会代表会议,会议宣布人民政权机构诞生,宣布剥夺流亡在伦敦的南斯拉夫王国政府代表人民的权利,宣布禁止南斯拉夫国王回国。

第四,1944年10月,苏联红军进入南斯拉夫境内与南斯拉夫人民解放军联合作战。在两军相处中,发生一些摩擦。南斯拉夫军事领导人对苏联军官的不良作风、对苏联士兵违反军纪伤害南斯拉夫群众的行为表示不满。据传在南共高级领导会议上,一位南军领导人曾说,苏联军官从道德上看不如英国军官。这句话被亲苏分子传到苏联人耳朵里,苏联方面作出了强烈反应,指责南斯拉夫对苏联红军进行诽谤和侮辱。

## 二、南苏关系摩擦频频,互相指责,
## 斯大林语气强硬,铁托毫不示软

在战争尚未完全结束时,铁托领导的新南斯拉夫与苏联签署了有效期为20年的《友好互助和战后合作条约》。之后,苏方向南斯拉夫派出数量不少的军事顾问和文职专家。1946年5月,铁托访问苏联,双方签订了经济合作协定。1947年7月,双方又签订了贸易协定。根据协定,苏联向南斯拉夫提供1.35亿美元的贷款,用以购买苏联的工业设备,包括苏联向南斯拉夫提供的黑色及有色冶金、石油、化工和木材,以及棉花、纸张、汽车、拖拉机等产品。南斯拉夫向苏联提供铅、锌、铁等精矿品。

双方在洽谈经济合作过程中,产生如下分歧:

南斯拉夫要大力发展自己的工业,而苏联则认为苏联能够满足南斯拉夫对工业产品的需求,南斯拉夫只需发展资源产业,以满足苏联所需。又如,苏联要求在南斯拉夫开办多个苏南联合公司,南方持警惕和谨慎的态度。最后南方只同意办两个联合公司,即商业航空公司和多瑙河航运公司,两个公司的总经理都是由苏联人担任。南斯拉夫感到这种联合公司完全受控于苏联,并且使南斯拉夫在经济利益上吃大亏。

在这个时期,在国际共产主义运动中,有一件事引起普通关注,即成立共产党情报局。铁托曾是这个举动的倡议者。1945年铁托向斯大林建议:在各国共产党之间建立一个协商性的机构,以交流各国共产党的经验。斯大林对此表示赞同。1947年9月,一些共产党、工人党代表在波兰举行会议。苏联共产党、南斯拉夫共产党、波兰工人党、匈牙利共产党、捷克斯洛伐克共产党、罗马尼亚共产党、保加利亚共产党、法国共产党、意大利共产党九个国家的共产党和工人党代表出席了会议。会议通过的决议指出,由于战后的国际形势日趋复杂,各党之间交换经验和自愿地协同行动的必要性更为突出了。为此达成如下协议:1. 成立共产党情报局,由与会的上述九个共产党和工人党组成;2. 情报局的任务是:组织经验交流,并在必要时根据相互协商的原则,协调各党的行动;3. 情报局由与会各党派两名代表组成,人选由各党自定;4. 创办一个情报局机关刊物;5. 情报局机关设在南斯拉夫首都贝尔格莱德。

但好景不长,从1948年春天开始,南苏之间就一系列问题,互致信件,互相指责。

1948年3月18日,苏联政府突然通知南斯拉夫,苏联政府已决定立即撤回在南斯拉夫的所有军事顾问和教官,因为他们"处于敌对行动的包

◎ 南苏冲突篇

围之中"。

3月19日,苏联驻南代表通知铁托,苏联政府还要从南斯拉夫撤走所有文职专家。

3月20日,铁托就苏联撤走专家一事向苏联外交部长莫洛托夫提出抗议,对苏联政府作出这一决定表示震惊。抗议书称"我们对你们的指责进行了调查,深信撤退专家的理由是站不住脚的。在他们逗留南斯拉夫的整个期间,我们之间的关系是兄弟般的,是非常友好的。苏联政府下令撤走在南斯拉夫的全部专家,令我们惊讶。所谓我们对在南斯拉夫的苏联专家招待不周和不够信任的说法是没有道理的。至今他们当中没有任何人向我们抱怨过这类事情。"

3月27日,斯大林致信铁托,指出南斯拉夫方面的答复是"完全不能令人满意的。关于撤回军事顾问事,我们的情报来源于武装部队的顾问们自己的报告。南斯拉夫军事领导人说有必要把苏联顾问人数减少60%,为此提出种种借口。有人说什么南斯拉夫军队根本不需要苏军的经验,说什么苏军的章程墨守成规,对南斯拉夫军队没有价值,花钱雇苏联顾问没有意义。南斯拉夫军事领导人不是争取同苏联政府进行友好协商,而是开始辱骂苏联军事顾问,败坏苏联军队的名誉。在这种情况下必然在苏联顾问周围形成一种敌对气氛。要是认为在这种情况下苏联政府还会同意把自己的顾问继续留在南斯拉夫,那是滑稽可笑的。既然南斯拉夫政府对这种企图败坏苏军名誉的行为没有采取制止的措施,它就应对这种局面承担责任。"

斯大林在信中还列举了南斯拉夫对苏联的种种不友好行为,指出南斯拉夫安全机关的特务不仅跟踪苏联政府的代表,而且跟踪苏联在共产党情报局的代表尤金同志;指出在南斯拉夫领导中流传着反苏谣言,说什么苏联已"蜕化变质了""在苏联大国沙文主义猖獗""苏联正在从经济上支配南斯拉夫""共产党情报局是苏共操纵其他党的工具"等等。

斯大林在这封信中转而批评南共内部的问题。斯大林写道:"我们对南共现状感到不安。"信中指出三个方面的问题:

一是党内不民主。指出"在南共内部不能充分发扬民主。中央委员会的大多数委员不是选举产生的，而是指派的。党内没有或几乎没有批评与自我批评。党内主管人事的书记兼任国家公安部长，真是别出心裁！就是说，党的干部被置于公安部长的监督之下。所以，我们不能把这样的一个共产党组织看成是马克思列宁主义的组织，布尔什维克的组织"。

二是缺乏阶级斗争精神。指出"在南共内部体现不出阶级斗争的政策精神，城乡资本主义成分在迅速增长，而党的领导并未采取措施加以制止。南共受到所谓社会主义制度和平吸收资本主义成分这种蜕化的机会主义理论的蒙蔽"。

三是党没有发挥领导作用。指出"根据马克思列宁主义的理论，党是国家的领导力量，它有自己的特定纲领，不能混同于非党群众组织。在南斯拉夫恰恰相反，人民阵线被看作主要领导力量，而且有人企图把党淹没在阵线之中。"

4月13日，铁托对斯大林3月27日信件中的指责进行激烈的反驳，"必须首先强调指出，我们对来信的语气和内容感到异常惊讶。我们觉得，信中之所以有这样的内容，即对个别问题有这样的指责，是由于对我们这里的情况不够了解的缘故。对你们的结论，我们只能用这样的事实来解释：这些不准确的、带蛊惑性的情报，苏联政府一定是从自己的代表们那里得到的，而这些代表一定是从各式各样的人（不是臭名昭著的反党分子，就是各种不满分子）那里得到的。在我党的中央全会上，已经完全搞清楚并已证实，茹约维奇和赫布朗（时任南共中央委员）是向苏联驻南斯拉夫代表提供诽谤性情报的主犯。"

铁托在信中进一步说明对苏联撤专家的意见。"我们曾要求减少一部分苏联专家，那是由于我们财政困难而决定要把专家人数减到必需的最少程度。除此之外，我们看不出有什么别的原因。苏联专家的工资比我军司令员的工资高出4倍，比我国联邦部长的工资高出3倍，我们感到这不仅是财政负担，而且在政治上也是不正确的。我们也不排除有人说过不恰当的话，若是如此，本应把有关情况告诉我们，我们一定会设法制止。可是

苏联政府不作任何官方通知就撤走全部专家,使我们面对既成的事实,给我们造成不必要的困难。"

铁托在信中对斯大林关于南共内部问题的批评,断然否定。"从你们来信中提到的南共内部生活问题中,可以看出你们得到了完全错误的情报并得出了错误的印象。因此,我们不能同意你们对我党的评价。"

铁托在信中很不客气地还以颜色说,"假如你们问我方对你们有什么不满意的地方,那我们坦率地说,我们不满意的事情很多。首先,苏联情报机关的特务在我们这个向社会主义迈进的国家里,收买我国公民加入他们的情报机关。我们认为这是不妥当的,只能认为这有损于我国利益。尽管我国领导人和国家安全局对此提出抗议,公开声明这是不能容忍的,但它们却仍然在干这种事情。我们不能允许苏联情报机关在我国扩展情报网。苏联和南斯拉夫牢固地联系在一起,是符合我们两国根本利益的,相互间的信任是必要的。苏联人民首先苏联领导人应当相信,新南斯拉夫在其现领导机关的领导下正在坚定地走向社会主义。"

5月22日,斯大林再次致信铁托,继续谴责铁托执行反苏政策,并警告:"南共中央政治局特别是铁托同志应当明白,你们近来在日常工作中所推行的反苏、反俄政策,足以毁坏苏联政府对你们的信任。"

斯大林在信中最后向铁托"摊牌"说,"铁托同志声称南共中央拒绝派代表出席即将召开的共产党情报局讨论南共问题的会议。如果这是你们最后决定的话,那么这就意味着你们不能向情报局提供正当理由来替自己辩护,因而默认自己的罪行并害怕在兄弟党面前露面。如果拒绝向情报局报告,就意味着南共已走上脱离以苏联为首的人民民主国家社会主义联合阵线的道路,并意味着南共正准备使南斯拉夫的党和国家背叛人民民主联合阵线和苏联。这样的政策就会导致背叛工人阶级国际团结的事业,并采取敌视工人阶级事业的民族主义态度。"

在这两个多月的频繁的互致信件中,苏共以老子党自居,挥舞指挥棒,对铁托横加指责,铁托不把斯大林放在眼里,敢对斯大林说"不"字。铁托不但拒不接受斯大林的批评,而且指出苏共的错误和应负的责任。斯大林蔑视铁托，曾说搬一个小指头就可以打倒铁托。铁托明知和斯大林对抗后果严重，却敢去碰他。双方争吵达到一发不可收拾的地步。

当苏共和南共之间紧张关系升温时，苏共看到共产局情报局机关继续设在贝尔格莱德已不适宜，于是迅速地将情报局迁往罗马尼亚首都布加勒斯特。

## 三、共产党情报局邀南共代表与会讨论南共问题，遭南共断然拒绝

共产党情报局定于1948年6月28日开会讨论南斯拉夫共产党问题。6月19日，南共中央收到了邀请南共派代表与会的邀请书。6月20日，南共中央致信情报局，表示拒绝与会，并陈述了不能派代表出席会议的理由。

第一，苏共中央致南共中央的信件不是本着同志式的批评精神；信中对南共的谴责因其虚伪性而有损于南共和南斯拉夫国家，因而是完全不能接受的。

第二，对于南共这样一个在战前、战时和战后都经历了如此巨大考验的兄弟党，只根据某个人说的片面的情报就进行谴责，是完全错误的。

第三，苏共中央进行的一些最严厉的谴责，是以我党一贯与之斗争的反党分子提供的情报为依据的。南共内早已臭名昭著的分裂分子残余势力竟然得到苏共中央的支持，这是不能容忍的。

第四，情报局成员党的领导人不征求我们的意见，就不加批判地接受了苏共对我党的指责，并以书面形式指责我党。

第五，苏共中央不接受南共在回信中作出的任何答辩，并在后来的信件中对南共进行了更加激烈的毫无根据的谴责，这种立场使南共在情报局会议上不可能以平等的地位讨论问题。

## 四、共产党情报局通过
## 《关于南斯拉夫共产党状况的决议》

1948年6月28日,共产党情报局召开会议,在南共代表缺席的情况下讨论了南共问题,并通过了《关于南斯拉夫共产党状况的决议》(以下简称《决议》)。《决议》宣称,"南斯拉夫共产党中央委员会已使它本身和南斯拉夫共产党处于兄弟共产党大家庭之外,处于统一的共产主义阵线之外,从而处于情报局队伍之外。"决议号召南共党内"健康分子"行动起来,撤换现领导,"选出一个新的国际主义的党的领导机构"。

谁也没有想到,一年以前铁托曾是成立情报局的倡议者和情报局的骨干力量,一年后这个情报局竟成为审判铁托的"法庭"。

《决议》长篇累牍,罗列了南共如下条条罪状:

第一,南共领导在内外政策方面的一些重要问题上实行了一条背离马克思主义的路线,情报局赞成苏共中央的行动,即主动揭发南共中央的错误政策。

第二,南共领导正在实行对苏联和苏共不友好的政策。他们把苏联的对外政策与帝国主义列强的对外政策混为一谈,用对待资本主义国家的办法对待苏联。情报局谴责南共领导人的反苏态度,认为它是与马列主义不相容的。

第三,在对内政策方面,南共领导人正在背离工人阶级的立场,放弃马克思主义的阶级和阶级斗争理论。他们否认在自己国家里正在滋长资本主义因素,否认农村阶级斗争日益尖锐化。南共领导人无视农村的阶级分化,认为个体农民就是单独的统一体,这是与马列主义关于阶级和阶级斗争的学说背道而驰的,是和列宁关于小农生产自发地和大批地产生着资本主义的论断背道而驰的。在南斯拉夫农村,个体农民生产占优势,土地没有国有化,允许使用雇佣劳动。南斯拉夫领导人正在背离马列主义道路,走上民粹党、富农党的道路,因为他们断定农民是南斯拉夫国家"最可靠的基础"。

第四，南共领导正在修正马列主义关于党的学说。在南斯拉夫被看作国家主要领导力量的是人民阵线，而不是共产党。南共领导贬低共产党的作用，把党溶化于人民阵线之中。

第五，南共领导人建立的官僚统治，对南共的生存和发展是一场灾难。党内没有民主，没有选举，没有批评和自我批评。南共党员最根本的权利受到压制。像南共这种类型的组织，只能称之为宗派主义、官僚主义的组织。

《决议》最后写到：

情报局得出一致的结论，即根据南共领导人的与马列主义不相容的反党反苏观点，根据他们的整个态度和拒绝出席情报局会议这些事实，南共领导人已经将自己置于参加情报局的各共产党的对立面，脱离了反对帝国主义的社会主义统一战线，走上了背叛工人阶级国际团结事业的道路。鉴于上述情况，南共中央已将自己和南共置于共产主义统一战线之外，置于共产党情报局之外。

情报局不怀疑，南共内忠于马列主义、忠于南共国际传统、忠于社会主义统一战线的健康分子大有人在。健康分子的任务是，迫使他们的现领导承认错误，并公开地、诚恳地加以纠正，迫使他们与民族主义决裂，回到国际主义上来。如果南共现领导办不到这一点，这些健康分子的任务是取而代之，建立党的国际主义的新领导。情报局并不怀疑南共将完成这项光荣的任务。

情报局《关于南斯拉夫共产党状况的决议》发表后，铁托立即采取了两个应对措施。

一是情报局决议发表后第二天，南共中央立即致信情报局，信中一一批驳了决议中对南共的毫无根据的谴责，并强调指出，南共中央决不会因拒绝讨论南共的实际上未曾犯过的错误而损害共产主义阵营的团结。同时指出情报局已经背离了作为它自己活动基础的各项原则，这些原则为每个党提供依据自己意愿作出决定的权利。信中还指出，情报局不仅强迫南共

领导人承认他们不曾犯过的错误,而且号召南共党员起来推翻自己的领导,破坏党的团结。

二是就在《决议》发表的第二天,南斯拉夫发行量 50 万份的官方报纸《战斗报》全文刊登了情报局的决议和南共中央致情报局的信件。贝尔格莱德市民争先恐后地购买《战斗报》,当天《战斗报》被一抢而空。铁托的这一做法反映出铁托相信广大党员和人民大众,反映出铁托反对苏联大国霸权主义斗争的勇气和决心。

## 五、铁托成功地利用南共五大抵抗苏共的政治压力

南共中央先前已确定南共第五次代表大会于 1948 年 7 月 20 日召开。这个会期是情报局决议发表后的第三周。大会是否如期召开?怎样开好这次大会?对南共和铁托来说是生命攸关的大事。苏联力图利用这次大会把铁托拉下马。据传苏联已内定由两位支持情报局决议的中央委员茹约维奇和赫布朗分别担任南共总书记和南斯拉夫政府总理职务。

铁托决定,南共五大如期召开。

南共五大前夕,在南共组织内部,在各级党的会议上都对苏共和南共的来往信件、情报局决议以及南共中央的决议进行了广泛讨论。在人民阵线、工会、青年组织和妇女组织中也召开了多次会议。在农村、城市居民中间及工厂企业、军队中也召开了讨论会。几乎每个党员、青年团员都表明了自己的态度。绝大多数党员明确表示支持以铁托为首的南共中央的立场。

南共五大代表共 2344 名,代表着全国 46.8 万名党员和 5 万名预备党员。在南共五大代表中,工人党员代表有 979 名,农民党员代表有 525 名,知识分子党员代表有 154 名,学生党员代表有 139 名,其他领域代表有 100 多名。这次代表大会简直就是一次"战士党员"代表大会,因为在 2344 名与会代表中,只有 103 名代表没有参加过人民解放战争。

铁托在大会上作了长篇的政治报告(中译文约 10 万字)。报告全面地

回顾了南共近30年来走过的历程，阐述了南共在各个历史时期实行的正确政策和取得的重大成就，也分析了南共在过去时期犯过的错误和汲取的经验教训，着重回顾了南共领导南斯拉夫各族人民同法西斯侵略者浴血奋战、最终打败侵略者、建立社会主义新南斯拉夫的艰难而伟大的历程。铁托以此说明，南共是久经考验的、成熟的共产党。

铁托在报告中充分地批驳了苏联对南共的种种指责，同时重申南共和南斯拉夫人民一直对苏联和斯大林怀有尊敬和友好的感情。铁托深情地说，"在情报局决议中，最使我们感到痛苦的，就是指控我们背离苏联和人民民主国家，指控我们是民族主义者而不是国际主义者，指控我们抛弃了马列主义学说。"

铁托用以下一段话结束了自己的报告：

"我要着重指出，南斯拉夫共产党至今一直无愧地完成了自己的历史使命。我深信，它今后也一定会无愧地取得我国社会主义建设的胜利，并将以自己的坚定立场和团结一致，以自己对马克思、恩格斯和列宁的科学坚定不移的忠诚，切实证明南斯拉夫共产党并没有离开这一科学的道路。"

大会投票选举结果，在2323票中，铁托获2318票，只有5票反对。铁托继续当选为南共总书记，上届中央委员除茹约维奇和赫布朗（因犯有向外国提供情报罪，一人被捕，另一人在偷越国境时被南斯拉夫边防军击毙）外，几乎全部进入新的中央委员会。上届政治局委员中几个核心人物的职位都没有变动。与会代表自始至终情绪激昂。大会结束时，全场高呼铁托万岁。南共五大胜利闭幕，是铁托抵抗苏联压力的初步胜利。

南共五大后，南共党员人数不断增加。到1948年底，即南共五大后不到半年时间里，南共党员人数从南共五大召开时的46.8万名增加到53万名，1950年底达60.7万名，1951年达70万名。

## 六、针对苏联的颠覆活动，
## 南斯拉夫安全机关严厉镇压"情报局分子"

南苏之间发生如此激烈的冲突，在南共内部和南斯拉夫社会中不可避免地引起思想混乱。一部分人思想发生动摇，产生消极情绪，一部分人同情或支持情报局决议，支持苏共的立场，还有一部分人被苏联情报机关收买，成为间谍。南斯拉夫当局对这几种人总的来说都是从严处理，对第一部分人，在党的会议上被揭发的，根据不同情节给予不同的党纪处分或行政处分，对有言论、有行动的、坚持赞成情报局决议者，被定为"情报局分子"罪名，送往亚得里亚海滨的孤岛关押，对于有确凿证据证明向苏联提供情报的人，则作为叛国的罪犯交法庭审判。

据后来南斯拉夫官方公布的材料，当时在亚得里亚海边的两个孤岛——裸岛和格尔克岛关押了 1.6 万多人。其中有 12 名十月革命参加者，36 名西班牙内战的战士，260 名战前入党的党员，1600 多名"41 年游击纪念章"荣获者，2300 百名军官、士官和现役士兵，1600 百名内务机关干部，23 名联邦级和共和国级的部长，99 名部长助理，36 名联邦议员。

1951 年 6 月召开的南共五届四中全会，研究了侦察和审判机关工作中存在的问题，批评了不合法的审讯和"扩大化"等政策偏差，要求严格遵守法制。根据南共中央全会精神，有关部门纠正了处置"情报局分子"中的一些错案，被错判或重判的人员得到了平反或减轻处罚。

## 七、南苏两国大打外交战，
## 互指对方唆使侨民从事反政府活动

1948 年 7 月 6 日，南斯拉夫政府照会苏联政府，要求召回仍在苏联军事学校和普通学校学习及在苏联某些机构中工作的南斯拉夫公民，称这些学校和机构强迫在其中学习或工作的南斯拉夫公民改变其对南斯拉夫领导的态度。

当天,苏联外交部退回南斯拉夫的照会,称该照会是错误的,是带有诽谤性的。

1949年5月23日,南斯拉夫政府照会苏联政府,称南斯拉夫外交部最强烈抗议苏联当局给一小撮对南斯拉夫社会主义建设持敌对态度的人提供帮助,这是对南斯拉夫联邦人民共和国内政的不能容忍的公然干涉。

8天后,苏联政府复照南斯拉夫政府,称苏联政府已决定接受和保护因其民主信仰和社会主义信仰而受南斯拉夫反民主政权迫害的爱国流亡者,给予政治避难权,并称:南斯拉夫的照会把南斯拉夫革命流亡者说成是"祖国的叛徒",苏联政府对此持有不同看法。苏联政府认为,南斯拉夫革命流亡者是真正的社会主义者和民主主义者,是南斯拉夫的忠实儿子,是捍卫南斯拉夫独立的坚强战士,是苏南友谊大厦的建造者。

1949年7月25日,苏联政府照会南斯拉夫政府,抗议南斯拉夫当局镇压长期居留在南斯拉夫的苏联公民,称在南斯拉夫发生了许多起逮捕苏联公民的事件,他们在关押期间,遭受殴打和各种虐待。苏联政府坚决要求立即停止对苏联公民的专横行为,释放所有被非法关押的苏联公民。

5天后,南斯拉夫政府回照苏联政府,称苏方所说的苏联公民,是一战后留在南斯拉夫的白卫军分子。苏联政府从未向南斯拉夫政府提出把他们遣回苏联的要求。情报局决议公布后,这些分子凭借着他们是苏联公民有苏联驻贝尔格莱德使馆的保护,加紧进行反对南斯拉夫的活动。南斯拉夫政府再次宣布,决不允许任何人破坏南斯拉夫社会主义制度的建设,不管他会得到谁的庇护。

## 八、苏联进一步向南斯拉夫施压,铁托更加顽强地顶住

其一,苏联单方面撕毁《苏南友好互助和战后合作条约》。

1949年9月28日,苏联政府向南斯拉夫政府宣称:事实说明,南斯

拉夫领导人在外国帝国主义集团的指使下,一直进行着反苏的敌对活动和颠覆活动;事实说明,南斯拉夫政府完全是外国帝国主义集团的附庸,已经沦为这些集团侵略政策的工具;事实说明,南斯拉夫政府已经违背并彻底撕毁了1945年缔结的《苏南友好互助和战后合作条约》。苏联政府宣布,从现在起,苏联政府不受上述条约产生的各种义务的约束。

3天后,即10月1日,南斯拉夫政府就苏联单方面撕毁南苏友好互助条约一事发表声明,痛斥苏联政府背信弃义的行为,称南斯拉夫各族人民及世界上所有民主公众目睹苏联政府把这种背信行为当作诡诈手段,对南斯拉夫人民及其自由独立的社会主义祖国施加压力。

**其二,情报局又通过一个决议,再次对铁托等南共领导人进行攻击。**

1949年11月情报局通过了一项题为《南斯拉夫共产党处于杀人犯和间谍手中》的决议,决议又给铁托扣上更多罪名:

第一,自1948年6月情报局会议以来,铁托集团已由资产阶级民族主义完全变成了法西斯主义,并已彻底背叛了南斯拉夫民族利益。最近一系列事件表明,南斯拉夫政府完全依附于外国帝国主义集团并已成为其侵略政策的工具。

第二,铁托集团变成法西斯并非偶然,这是按照他们的主子英美帝国主义者的指令实现的。现已查明,这个集团早已成了英美帝国主义者的雇佣军。

第三,由于篡夺了党和国家权力的铁托集团执行了反革命政策,在南斯拉夫现在已经建立了一个反共的警察国家,一个法西斯型的国家。

第四,铁托集团把贝尔格莱德变成一个进行间谍活动和反共宣传的美国中心。

第五,帝国主义豢养的南斯拉夫走狗,在夺取了南共领导后,发动了一场镇压真正共产党人的恐怖活动。

第六,铁托匪帮对待南共内部健康力量的法西斯恐怖行为的结果,是党的领导权被完全控制在特务刽子手——帝国主义的代理人手中。

决议最后指出，反对铁托集团的斗争，是各国共产党、工人党的国际义务。

这个决议不但未能达到对铁托继续施压的目的，而且严重地损害了情报局的声誉。后来情报局各国共产党撤销了这一决议。

从1947年9月成立至1949年11月期间，情报局前后开过四次会议，主要三次会议是：成立情报局会议和两次谴责南共会议。1956年4月情报局解散，自1949年11月以后的6年半里从未召开过其他会议。

**其三，驱逐南斯拉夫驻苏联大使，降低两国外交级别。**

1949年10月25日，苏联政府照会南斯拉夫政府称，现任南斯拉夫驻苏联大使姆拉佐维奇近年来在苏联一直从事间谍活动和颠覆活动。他作为南斯拉夫驻苏联大使却在南斯拉夫报刊上发表了对苏联造谣中伤的言论。为此，苏联政府认为，允许姆拉佐维奇继续留在南斯拉夫驻苏联外交使节的职位上是不可能的。

10月29日，南斯拉夫政府作出回应，称苏联政府的这一举动是毫无根据的，意在再次推进反南运动，使南苏关系更加紧张，并在世界公众面前最大限度地污蔑南斯拉夫国家领导。接着南斯拉夫政府采取对等行动，将苏联驻南斯拉夫大使驱逐回国。两国外交关系几乎断绝。

**其四，实行全面经济封锁。**

突然中断两国贸易协定，是苏联进行经济封锁的主要手段。1948年南斯拉夫同苏联东欧各国的贸易额占南斯拉夫对外贸易总额的一半以上。1948年底南苏制定1949年两国换货议定书时，苏方就把换货额降至仅为1948年的1/8，紧接着两国贸易就完全中断了。东欧各国跟随苏联也把同南斯拉夫的换货完全中断。至1950年，苏联东欧各国同南斯拉夫贸易完全中断，南斯拉夫1950年的进出口总额比1948年下降了30%，使南斯拉夫的贸易逆差骤增，从1948年的6个亿第纳尔，增至1950年的72亿第纳尔。南斯拉夫原来从苏联东欧国家进口的生产必需的重要材料如焦煤、石

油、机器、棉花等,分别占南斯拉夫需求的 86%、62%、32%、23%。这些材料停止进口,对南斯拉夫的经济是个沉重的打击。

终止投资协定,是苏联进行经济制裁的另一重要手段。1947 年至 1951 年南斯拉夫同苏联东欧国家的投资协定总额为 187 亿第纳尔,但 1948 年总共才完成了 11.8 亿第纳尔,即仅为 6.3%。已完成的这 6.3%,都是次要项目,而不是成套设备和重要物资的生产,这就使当时在建的南斯拉夫黑色冶金、有色冶金、钢材、铝材、石油、水泥等工业受到致命打击。最后连铁路和邮政联系也被切断了。

1949 年 1 月,苏联、保加利亚、匈牙利、波兰、罗马尼亚、捷克斯洛伐克等 6 国政府代表汇集莫斯科,宣布成立社会主义国家经济互助委员会,即经互会。苏联把南斯拉夫拒之门外。南斯拉夫明白这已是既成事实,但还是据理提出抗议。苏联的回答是:南斯拉夫只有放弃其敌对政策,才有可能成为经互会成员国。

铁托对付苏联的经济封锁的办法是,一方面实行"突围",冲向世界,寻找新的贸易伙伴,寻求新的投资资金。从 1949 年至 1952 年,南斯拉夫从西方国家获得 2.6 亿美元贷款,用来购买重要设备和修建铁路及公路。南斯拉夫从美国援外合作社和红十字会、联合国儿童基金组织获得 2.8 亿美元的援助。另一方面动员全国人民发扬自力更生的精神,拿出在反法西斯战争中的那种战斗精神,去克服一切困难,为独立而作出最大的牺牲。政府号召全国人民节衣缩食,提出 3 年内停建住宅和市政公共设施,减少日用品生产,大大降低消费水平。广大人民群众理解并支持这一政策。

**其五,进行武装干涉威胁。**

在苏联用尽种种施压手段后,铁托不但没有屈服,反而更加强硬。对苏联来说,只剩下武装干涉威胁的手段了。苏联曾向南斯拉夫发出狠话:"苏联政府将被迫采取其他更有效的措施。"

1949 年夏天,迹象表明苏联作了武装入侵南斯拉夫的准备,苏军一个又一个坦克师、摩托化师开往匈牙利、罗马尼亚与南斯拉夫接壤的边界。

南斯拉夫军队也日夜紧张部署，加强边防，沿着与东欧国家接壤的边界，修工事，挖战壕。由于南斯拉夫已作好准备，也由于武装入侵南斯拉夫的后果不堪设想等种种原因，苏联最终没有动手。但边境摩擦频频，据南斯拉夫方面统计，从1949年到1951每年都有1000次左右边境摩擦事件，南斯拉夫边防有40名战士牺牲。

铁托针对西方媒体散布苏联将动武的传言说：

"我们不相信这种谣言，因为我们知道，红军进攻一个社会主义国家的事情决不会发生，因为这意味着世界上社会主义的末日。但我们不能高枕无忧，我们将作好一切准备，击败任何形式的挑衅。"

面对苏军随时可能入侵的危险，南斯拉夫军队长期处于高度戒备状态。为此不得不花大量资金购买武器弹药，不得不增加对军工生产的投资。南斯拉夫建国后到1947年每年国防开支约3.1亿美元，1948年国防开支增至4.3亿美元，而1950年、1951年和1952年平均每年国防开支高达6.6亿美元。军费开支占国民收入的比例高达23%。

根据战备的要求，南斯拉夫还对工业的部署作了调整，把一些重要的工业从可能受苏军入侵直接威胁的伏依伏丁那省（与匈牙利接壤的平原地带，苏军由此入侵可能性最大）迁移到南部地区。同时修改了原定向北部和东部地区投资的计划。

在这一时期，南斯拉夫军队有针对性的军事演习按计划进行。铁托有时亲临演习现场，发表鼓舞士气的演讲。

1949年10月，在塞尔维亚举行的一次军事演习的结束典礼上，铁托向南斯拉夫人民军全体官兵发表了重要的讲话。铁托说：

"我们的军队肩负重任。它的任务首先是保卫我国的社会主义建设，捍卫南斯拉夫的和平发展，同时警惕地捍卫我国的领土完整和独立。这是一项光荣的革命任务……你们知道，宁愿光明正大地捍卫正义和真理而在斗争中牺牲，而不要在被人践踏、像奴隶一样直不起腰并眼看伟大马列主义原则遭践踏时不进行抵抗。

铁托传奇

当他们打我们耳光时,我们抓住了他们的手,不让他们打我们。我们不想使事态恶化,因为我们认为有朝一日他们会认识到他们走错了路。但是暴力遮住了他们的眼睛,因为他们拥有强大力量,纵容自己的部下去做社会主义国家不允许做的事。暴力无权在社会主义国家关系上作出决定,而应让共产主义道德来决定应怎样做……

军官和将军们,我们接受了这场斗争,它不仅是我国和我党的斗争,而且也是整个进步世界、全世界工人阶级的斗争。假如走他们走的路,即用红军刺刀送来自由,那实际上也是压迫,只不过是另一种形式罢了。那样马列主义就会被葬送。这场斗争意味着不仅对社会主义发展现阶段,而且对未来都是有重大而深远意义的事业。"

在这场南苏冲突中,铁托又是在力量对比悬殊的态势下,以弱胜强。

1952年11月3日,铁托在南斯拉夫共产党第六次代表大会上讲到南苏冲突时,有这样评述:

"尽管苏联及其他东方国家对我们党和人民施加的这种压力一开始就异常沉重,并且通过各种形式不断加重,但这种压力并没有如斯大林和苏联以及情报局其他领导人所指望的那样动摇我们党的队伍。同志们,我可以大胆地说,世界上任何其他党都经不住这种压力。我之所以能够这样说,是因为没有一个党最近20年内经历过象南斯拉夫共产党在战前的革命实践中和在武装的人民革命的火焰中所经历过的严峻考验。因此,只有受过这种锻炼的革命党,才能抵挡得住狂风暴雨,才能够在同苏联修正主义者的斗争中变得更坚强和更团结。"

## 九、后斯大林时期,南苏关系回暖,但基本矛盾依旧,斗争时有发生

1953年3月5日,斯大林逝世。苏联新领导认识到过去处理苏南关系的方式行不通,认识到南斯拉夫在国际关系中的重要性,向南斯拉夫表示了希望使两国关系正常化的愿望。同年6月,苏联向南斯拉夫提出互派大

使的建议。但苏方对过去发生的事情，遮遮掩掩，没有明确的态度，而且此间苏联新任领导讲话中仍有攻击南斯拉夫的言词。铁托对此反应十分谨慎。铁托发表了如下声明：苏联最近表示了互派大使的愿望，我们接受这个提议，但互换大使并不一定意味着两国关系正常化。苏联对南斯拉夫的伤害不是轻易能弥补的。我们需要正常的关系，我们正等待苏联怎样使关系正常化。听其言，观其行。

1955年2月8日，苏联外交部长莫洛托夫在苏联最高苏维埃会议上说，"在苏联和南斯拉夫关系方面取得了成就，但这方面还要看南斯拉夫的态度。南斯拉夫在最近几年里显然在某种程度上离开了它在二次大战结束后头几年里所走的道路。"

铁托对莫洛托夫的这番讲话很不满意，立即进行了驳斥，指出莫洛托夫关于南斯拉夫的说法与事实不符，是企图在苏联人民面前把事情真相掩盖起来，这是又一次对南斯拉夫的伤害。

### 赫鲁晓夫访问南斯拉夫

双方经过多次接触和协商，最后确定由时任苏共中央第一书记的赫鲁晓夫率领一个重量级代表团于1955年5月26日访问南斯拉夫。令人们关注的是，代表团成员中没有苏联外交部长莫洛托夫，原因很简单，那就是1948年南苏冲突时他扮演了重要角色，而且对南斯拉夫的看法一直没有改变，是最不受南斯拉夫欢迎的人。

赫鲁晓夫在抵达贝尔格莱德机场时发表的讲话中，首先强调两国人民在第二次世界大战中共同抗击法西斯侵略者的战斗友谊，赞扬南斯拉夫人民在铁托元帅领导下建树的光辉的战斗功勋，声称苏联不会忘记当年苏南两国人民和两国、两党之间发展的最良好的关系。

在谈到1948年苏南发生冲突的事件时，赫鲁晓夫对苏南"良好的关系受干扰，表示深深的遗憾"，并表示"决心清除那个时期的一切痛苦"。赫鲁晓夫申明，当年据以攻击南斯拉夫领导人的材料，是那些以欺骗手段钻进苏共队伍的帝国主义无耻代理人所捏造的，宣称苏联政府遵照列宁的

教导,坚持国与国之间和平共处、平等和互不干涉内政、尊重主权和国家独立的原则。

赫鲁晓夫访问南斯拉夫期间,双方签署了《贝尔格莱德宣言》。《宣言》除了阐述国家之间应遵守的基本准则外,有一些内容可以明显看出是铁托坚持的、有针对性的主张。如:

"互相尊重,不以任何形式(无论是经济、政治或意识形态性质的)为理由干涉他国内政,因为各国内部的政治结构问题、不同社会制度问题以及发展社会主义不同的具体形式问题,完全是各国人民自己的事情。"

"停止任何形式的宣传、误传及其他散布互不信任和以各种方式妨碍建设性国际合作及国家间和平共处气氛的行动。"

随后两国政府签署了《经济联系与合作议定书》。根据议定书,双方签署了苏联向南斯拉夫提供大笔贷款和扩大贸易的协定。两国贸易额于次年增至 4 千万美元。

1956 年 2 月,苏共召开第二十次代表大会,南共向苏共二十大致贺电。赫鲁晓夫在苏共二十大上作的"秘密报告"中,谈到 1948 年苏南冲突时说,"斯大林在这里扮演了可耻的角色,"同时也指出,"这并不意味着南共领导人不曾犯错误或毫无缺点。"铁托对这种说表示不满意。

### 铁托访问苏联

1956 年 6 月,铁托率团访问苏联。访问期间,双方签署了关于南共联盟和苏共关系的声明,即《莫斯科宣言》。《宣言》的第三条是这样写的:

"双方认为,国家不同,情况各异,发展社会主义的道路因而各不相同,而且社会主义发展的丰富多样形式有助于加强社会主义的力量。双方的出发点是:在社会主义发展的道路与形式问题上,把自己的观点强加于人的任何倾向都是不能允许的。因此,双方一致认为,进行上述合作,应以完全自愿和平等为基础,以友善的批评和两党间有争论的问题进行同志式的交换意见为基础。"

《贝尔格莱德宣言》和《莫斯科宣言》这两个文件在党际关系中提出

的这些新思想、新原则，对于后来各国共产党之间关系，乃至对整个共产主义运动是有重大意义的。说起来容易，做起来难。在后来的党际关系中，苏共领导的霸权主义行为有增无减。

**围绕波匈事件进行争论**

赫鲁晓夫在苏共二十大上作的全盘否定斯大林的"秘密报告"，在国际共产主义运动中引起严重的思想混乱和社会动荡。

1956年6月，波兰工人对现状不满，提出改善工人状况的诉求，波兰政府不予解决的态度引发工人上街示威游行、冲击监狱和抢夺武器等行动。警察实行镇压，发生流血事件。

匈牙利党内和人民群众、特别是知识分子对匈党在政治、经济上犯的许多错误十分不满，在赫鲁晓夫"秘密报告"催化下，在匈牙利内外反动势力的煽动下，1956年10月23日，成千上万的学生和市民走上布达佩斯街头，要求改革。一些武装人员占领电台、武器仓库和警察哨所。11月1日成立的以纳吉为首的新政府，宣布退出华沙条约。在这种形势下，苏联出兵进入布达佩斯进行武装干涉，平息了事态。

11月11日，铁托在普拉市向南共盟积极分子作了慷慨激昂的长篇演说，就波匈事件发表自己的见解。其主要论点可以疏理为以下几条：

第一，反对苏联出兵匈牙利。

铁托说，在示威游行还在进行的时候把苏联军队请进来，是一个致命的错误。请别国军队来教训自己国家的人民，是一个严重的错误。这个举动的结果更进一步激怒了人民，因此发生了自发的暴动。

第二，不能把苏联出兵干涉别国内政仅仅归结于个人迷信的问题。

铁托回顾了1948年同斯大林的冲突，称南斯拉夫第一个给斯大林以有力回击，坚持了独立，坚持按本国国情建设社会主义。当时没有发生武装干涉是因为南斯拉夫团结一致。苏共二十大谴责了斯大林粗暴地干涉别国内政的行为，但错误地把事情都归结为个人迷信。这里不仅是个人迷信问题，而是使迷信得以滋生的方法和实践问题，根子在于苏联的官僚

制度。

第三，苏联领导内部对同波兰、匈牙利等国关系问题上看法有分歧。

苏联领导在波匈问题上的看法和做法是错误的。"但我们对这一点不是很悲观，因为这不是整个苏联领导的态度，而是一部分人的态度。这部分人强迫另一部分人接受这种态度，这种态度是那些过去坚定地站在斯大林主义立场上、而且至今仍站在这个立场上的人所强加的。但那些主张放弃斯大林的方法、主张社会主义国家之间建立新关系的人仍有可能通过内部的演变而在苏联领导机构内部取胜。"

第四，南斯拉夫不能只顾自己。

铁托说，现在问题是新的路线获胜呢，还是斯大林的路线再度获胜？南斯拉夫不能只顾自己，它必须从各方面作出努力，不过不是用从内部破坏这些国家而在那里引起过火行为的办法，而是要在思想上，通过接触和会谈，使新精神获胜。

苏取对铁托的这番言论很生气，但回应方式较为婉转，即通过苏联《真理报》评论文章对铁托的演说进行反击。文章指出，铁托关于苏联的说法，是对苏联人民的社会生活制度的诽谤，是重复过去苏南关系恶化时期对苏联的攻击。铁托抵毁别国的社会主义制度，夸耀自己的经验，把它作为普遍适用的完美无缺的东西大加宣扬，是不正确的。评论文章为了证明南斯拉夫的道路是不可取的，讥讽南斯拉夫多年来使用西方国家贷款，是利用帝国主义和社会主义国家之间的激烈矛盾，乘机捞油水，并指出，"如果资本主义国家的经济援助成了南斯拉夫经济的重要组成部分，那就不能认为这条道路有什么可取之处了。"

**拒绝在12个社会主义国家共产党宣言上签字**

1957年11月，应苏联共产党中央的邀请，世界上80个共产党和工人党的代表汇集莫斯科，参加庆祝十月革命胜利40周年盛大典礼。南斯拉夫共产主义者联盟派出以卡德尔（南共二号人物）为首的代表团赴莫斯科参加庆祝活动。在庆典活动期间，11月14日至16日，在莫斯科召开了12

个社会主义国家共产党和工人党代表会议，会议通过了一项《宣言》。11个与会共产党和工人党代表团都在《宣言》上签了字，唯独南共联盟代表团没有签字。在这次代表会议前，苏共领导获悉南共联盟代表团对《宣言》有保留意见时，十分恼火。赫鲁晓夫在单独会见南共联盟代表团时，态度粗暴，指责南斯拉夫在对外关系中没有执行阶级政策，而是周旋于两个集团之间，强调社会主义国家要有阵营，没有阵营就没有社会主义，社会主义国家又是一个"连队"，它必须有自己的连长。但是南共联盟代表团始终坚持不签字的立场，卡德尔称，《宣言》有明显的阵营含义，签了字，就意味着进入阵营，加入"华沙条约"，《宣言》中关于"以苏联为首的社会主义阵营"的提法，与南共联盟的原则立场相违背。卡德尔还说，《宣言》可以在南斯拉夫报纸上发表，但不能签字。

1958年4月22日，铁托在南共联盟第七次代表大会上说："时常有人指责我们不是国际主义者，因为我们不参加阵营。是否是国际主义，不能只看是否参加阵营，而是看是否属于广义的社会主义世界。国际主义首先要求工人阶级在掌握政权以前，在自己的国内坚持不懈地开展一切形式的革命工作，在掌握政权后采取社会主义建设中一切创造性工作方式。国际主义意味着平等关系，意味着对建设社会主义的各国和社会主义国家以外的所有共产党和进步党采取同志般的立场。国际主义不能以参加或不参加阵营作为标准，因为就其传播马克思主义科学及其运用于实践而言，国际主义是具有普遍意义的，因此，国际主义是实践，而不是口头禅和宣传。"

**南共联盟第七次代表大会和南共联盟新纲领又激起南苏矛盾的新波浪**

1958年初，南共联盟发表了《南斯拉夫共产主义者联盟纲领草案》，拟于同年4月召开的南斯拉夫共产主义者联盟第七次代表大会上通过。苏联对这个纲领草案从理论上展开了全面批判，谴责南斯拉夫"企图用帝国主义的画笔给苏联和社会主义阵营抹黑"。此外，苏联还采取了一些具体行动，如不派代表团参加南共联盟第七次代表大会；取消原定的苏联国家元首伏罗希洛夫对南斯拉夫的访问；宣布中断贷款；推迟已安排的向南斯

拉夫交付20万吨小麦的交货期。

在南共联盟七大闭幕后不久,赫鲁晓夫先后在保加利亚共产党第七次代表大会上和德国统一社会党第五次代表大会上的讲话中,指责"南斯拉夫现代修正主义者善于扮演特洛伊木马的角色,拼命地从内部腐蚀革命政党。""力图破坏马克思列宁主义理论的统一性和国际革命工人运动的团结。"

铁托对苏联的谴责一一加以反驳,并抗议苏联背信弃义的行为。

1960年以后,随着中苏关系恶化,赫鲁晓夫为了集中力量对付中国,减弱了对南斯拉夫的批判,进而采取了改善关系的措施。1960年9月,赫鲁晓夫与铁托在参加联合国大会期间进行会晤,推动了两国关系的改善。1962年苏南两国外交部长互访期间,赫鲁晓夫称南斯拉夫是"正在建设社会主义的国家"。

1964年10月,赫鲁晓夫下台。勃列日涅夫上台后南苏关系没有重大变化。1966年9月,勃列日涅夫和铁托举行了会晤,双方都表示了进一步发展关系的愿望。

1968年8月20日,苏联以捷克斯洛伐克有"脱离社会主义轨道和丧失社会主义危险"为由,未经捷克斯洛伐克合法政府同意,擅自派兵入侵捷克斯洛伐克,赤裸裸地用武力干涉别国内政。

8月21日,铁托于苏军入侵捷克斯洛伐克的第二天,公开发表声明称:"未经合法政府的邀请或同意,外国军队就进入捷克斯洛伐克,这使我深感不安,这是对社会主义国家主权的侵犯和践踏,是对世界社会主义进步力量的沉重打击。"

# 社会主义建设篇

——最先提出不应照搬外国经验,而应根据本国条件走自己的社会主义发展道路

## 一、战后恢复经济和安置生活，实行国有化和土地改革，为社会主义建设打下基础

战前的南斯拉夫是欧洲最贫穷落后的农业国之一，工业产值只占国民生产总值的18%。1939年人均国民收入只有80美元。战争的破坏使这个本已十分落后的国家一贫如洗。1945年反法西斯战争结束时，全国生产能力仅为战前1939年的1/3。1945年全国解放后，摆在南共面前最紧迫的任务是，恢复国家经济，保障粮食和基本生活品的供应，安置数十万受战争残害而需要帮助的人，剥夺资产阶级财产，建立国有经济，实行土地改革，让农民实现"耕者有其田"。

战争一结束，铁托就在南斯拉夫反法西斯人民解放委员会会议上向全国人民发出有力的号召：

"尽管我国在战争中遭到破坏，在物质上被浩劫一空，但我们在精神上却焕然一新。我们决心进行最大的创造性的努力。一个团结一致的、和睦相处的、民主的新南斯拉夫联邦站起来了。"

南斯拉夫人民，特别是青年以焕然一新的精神，以最大的创造性努力，投入恢复经济的工作，在全国掀起了轰轰烈烈的义务劳动、突击运动和劳动竞赛。据统计，1947年青年义务劳动的总值就占基本建设的13%。1947年1月至11月，21万名青年联盟盟员和数以万计的技术人员建成了240公里长的铁路。数万名青年志愿者参加了大型机床厂、钢铁厂、电缆厂、水电站的建设工作。到1947年，南全国的工业生产比战前增加了21%。1946年，在农村开展了轰轰烈烈的劳动竞赛，为恢复农业生产而作出最大的努力。

安置群众生活的工作十分艰巨。1945年10月，被关押在德国集中营中的44万南斯拉夫公民中，遣返回国的有33万人。必须安排好这些公民回国后的工作和生活。战争孤儿有23万，必须把他们送进孤儿院、儿童

之家及安排到一些家庭收养。1945年,一项农民大迁移的工作有序地进行。原本就很贫困的波黑地区,受战争破坏最为严重,壮劳力在战争中牺牲最多,因此,这个地区不具备基本生活条件。而中东部的伏依伏丁那省土地肥沃,战后德裔、匈裔居民纷纷逃离,使这里劳动力缺乏,土地经过政府的努力,6万户数十万人口井然有序地从波黑迁移到伏依伏丁那省。

剥夺资产阶级和占领者的财产,实现国有化的工作顺利进行。到1945年底,在工业部门中55%实现了国有化,其中石油工业国有化达100%,钢铁业达90%,采矿业达70%,从而使国家所有成分占主导地位。

1945年8月,南斯拉夫实行土地改革,颁布了《土地法》,实行"耕者有其田"的原则,把从大地主、封建残余势力那里没收的土地,分给无地农民,归农民所有。《土地法》规定农户拥有耕地面积不得超过25公顷,超出规定额的土地必须交出,富农拥有超出限额的土地只要把超额部分交出,剩余部分归自己所有。此外,南斯拉夫没有对富农采取其他限制或打击的政策,这与苏联对富农的政策有很大差别。由此苏共曾攻击南共是"富农党"。南共在对南斯拉夫的农民状况作出分析后认为,在南斯拉夫对待农民不能像苏联那样按传统观念来划分,因为南斯拉夫有很多富裕农民都积极参加反法西斯的战争,他们对现实和未来都有正确的认识。

南斯拉夫把没收的一半土地(约80万公顷)分给无地、少地农民以及迁移农民,另一半土地分给国营农场、农业劳动合作社。规定土地可以自由买卖,允许农民雇佣他人劳动力耕种。农业中有三种所有制形式:国家、合作社和私人。

## 二、最先提出建设社会主义不应照搬外国经验,而应根据本国条件走自己的发展道路

南斯拉夫从1946年开始实行的国家管理经济的整个制度以及第一个五年计划(1947—1951年)都是完全按照苏联的模式搞起来的。南斯拉夫的一些领导人说,当时我们把按行政方式制定生产和分配的计划当作是社

会主义发展的规律，把党和国家起决定性作用的经济制度当作是在社会主义制度下组织社会的唯一方式；在实践中，也是用行政分配代替市场，使价格的确定脱离经济规律。在战后头一两年过渡时期，这种照搬来的模式还能起到一定作用，但随着国家经济的发展，苏联的模式就显现出不适合南斯拉夫的特殊条件，行政集中的弊端很快就暴露出来，官僚主义开始滋生。

在农业方面照搬苏联模式的后果最为严重。1947年，南斯拉夫按照苏联农业集体化的模式，建立了苏联集体农庄式的农业劳动合作社。初期农业劳动合作社发展缓慢。为了加快发展速度，强迫命令之风盛行。有的农村规定入社后不准退社，不入社者在税收上享受不到优惠。有些合作社追求向所谓高级社发展，取消对入社土地的报酬，甚至要求入社农民放弃对自己土地的所有权。到1950年虽然合作社增加到6900多个，占全国耕地面积的19%，但农民的生产积极性受到严重挫伤，导致农业减产。一些地区发生了农民骚乱，当局不得不出动军队来平息。

铁托从南斯拉夫国内实际出发，率先提出在社会主义建设中不应照搬外国的经验，而应走自己的发展道路。

1948年11月，铁托在克罗地亚共产党第二次代表大会上说：

"有许多条通向社会主义的道路，但是走哪条道路要由每个国家的特殊条件和发展的阶段来决定。"

1950年6月，铁托在南斯拉夫联邦人民议会上发表讲话时说：

"直到臭名昭著的情报局决议公布以前，我们的党对苏联所做的每件事情都抱有太多的幻想，并毫不加批判地接受和照搬，甚至那些不适合我国的特殊条件或违背了马克思列宁主义学说的东西也加以接受和照搬。曾有人要求接受现成的药方，有人则想把这种药方强加给我们，或者是我们自己也追求这种现成药方，曾有过想走阻力小的捷径的倾向。

但是在今天，我们自己在我国建设社会主义，我们不再照搬任何框框，而是以马克思主义学说为指南，考虑到我国特殊条件，走我们自己的路。生搬硬套的做法迄今已给我们带来许多困难，其严重后果仍然能感觉

到。这种生搬硬套的做法已自发地进入人们的实践,但我们最终还是采取了措施,以终止这种实践,所以,我们在建设中每天都取得越来越大的成就。"

铁托接着说:

"马克思、恩格斯和列宁基本上对各种原则问题都作了回答。至于这些原则在个别国家里的确立和应用,只能由那些在该国人民中成长起来的人们去做,因为这些人熟悉本国的问题,熟悉本国的历史、风俗习惯,它的弱点和长处,能够警觉地注视国内发生的一切现象,同时又懂得马克思主义学说,即懂得这一学说的精神,并善于以这一学说为指南将它付诸实施。"

## 三、大胆探索南斯拉夫独特的社会主义发展道路,建立并不断完善社会主义自治制度

南斯拉夫分析了苏联经济管理模式中"国家集权主义"造成的种种弊端。

铁托认为,国家集权过多,是产生官僚主义的根源;只要全面管理经济的职能完全被掌握在国家手中——尽管这个国家是劳动人民的国家——国家在发展过程中仍会成为凌驾于劳动群众之上的某种东西。权力高度集中于中央国家机关手中,而党又直接领导国家机关,必然产生新的现象和危险,那就是官僚主义和党政合一。

南斯拉夫领导人认为,在苏联的国家所有制条件下,所有工人和职员都是按劳动时间和熟练程度领取工资,而不管他们付出的劳动多少和企业经营成果如何。工人和劳动之间的关系成了雇佣关系,工人同企业的更好经营和更大效益没有直接利害关系。工人与生产资料脱离,无法改变生产条件,因为那是国家机关的事。苏联用计划取代价值规律,把计划当成社会主义建设的唯一规律,在理论上和实践中都是错误的。

南斯拉夫由此第一个提出,社会主义社会仍然是商品经济的社会,应

该发挥市场机制的作用，必须尊重商品生产，尊重市场规律，不能用计划来代替价值规律，而应该让商品生产和客观经济规律发挥作用。

1950年6月，南斯拉夫颁布了《关于工厂交给工人管理的基本法》（以下简称《基本法》），这项法令的颁布，标志着南斯拉夫重大经济改革的开始，标志着南斯拉夫探索符合本国实际的社会主义自治道路的开始。

南斯拉夫社会主义自治制度的建立和发展大体可分为以下三个时期。

第一个时期是从1950年到1963年。《基本法》规定，在所有工厂企业中都要成立工人委员会，按工厂大小不同选举15—120名不等的委员组成。职工不足30人的工厂，整个劳动集体就是一个工人委员会。选举或撤换工人委员会的方式是普遍、直接和无记名的投票。工人委员会委员任期为两年。工人委员会制定工厂的重要规章，如生产计划、财务计划、工资条例、审议工厂经营结果等。这一时期自治制度的特征是工人管理仅限于简单再生产，仅限于工厂企业范围内。通常称之为"工人自治"，其主要内容是：企业的收支不纳入国家预算，企业只向国家缴纳税金；在国家计划规定的基本比例范围内，企业可以自由经营，自负盈亏，同时工人的个人收入取决于个人劳动和整个企业经营的好坏。按南斯拉夫的说法，这样就消除了生产者处于受国家雇佣的地位。

在这个时期的头几年，企业中工人委员会的权限还比较小，一般只起咨询作用。国家机关和企业经理作为国家的代表和法律的执行者，在企业中仍起决定性作用。1952年以后，南联邦议会通过了一系列法令，进一步扩大了工人直接管理企业的权限。企业可以支配一部分扩大再生产的资金，企业支配的积累约占1/3，另2/3分别由联邦和各共和国支配。1961年进行经济改革，改变了企业的收入分配制度，让企业有更多的分配自己收入的权限，即交完税后企业有权自行决定企业积累和个人收入分配总额之间的比例。但在实践过程中出现了一些问题，主要表现为个人收入增加超过劳动生产率的增长，个人收入比例增加，积累率下降。于是国家又采取了一些干预措施，如在区、共和国、联邦各级成立"贯彻纯收入分配"委员会，审查企业的分配情况。

铁托传奇

在这个时期里,南斯拉夫宣布放弃中央集权的、自上而下的指令性国家计划,实行自下而上的社会计划。所谓社会计划,就是首先由基层制定计划,然后层层向上汇总到国家。国家制定计划时,只规定调节经济和社会生活的基本比例,而不再为企业规定具体的生产指标。企业参照社会计划制定的比例,根据市场的需要和自身的条件,再确定自己的生产计划,独立经营业务。

从1953年开始实行利润分红制度,企业在所实现的利润中除按规定上缴给国家外,留下的部分归企业支配,用于分配给工人和建立企业基金,即用扩大再生产和储备。

与此同时,南斯拉夫还采取了政府职权层层下放的措施,联邦政府的各部、特别是主管经济的部被撤消掉好几个,其职能下放到共和国和区、县。联邦政府的一些部进行合并,或成立若干个委员会,其职能类同政府的部,但职能减弱了很多。同时把联邦政府保留下的各部,都改称为"秘书处"如"外交秘书处"、"国防秘书处",意在与改变政府"部"的职能相呼应。在这个权力下放精简机构过程中,联邦机构工作人精简了10万人,对南斯拉夫这个小国来说,这个精简人数是相当惊人的。

第二个时期是从1963年到1971年,从工人自治发展到社会自治。具体说,就是自治超出了工厂企业,扩展到国家机关和社会事业单位。在这些单位里成立地方共同体和自治利益共同体,共同管理自己的事务。在这个时期里,企业的权限进一步扩大到管理扩大再生产。具体措施是,取消联邦投资基金,把这项资金转交给银行,由银行发放投资贷款。取消企业的投资基金税,企业的积累全部归自己。企业可在自己的积累中提取投资基金。企业成了扩大再生产的主体。国家对扩大再生产的决定权就没有了。1965年,南斯拉夫又出台了一系列新的经济措施,对财政、税收、价格、外汇、外贸等经济体制进行了更深入的改革。总的指导思想是进一步发挥市场的作用,使企业具有"独立商品生产者"的一切权限。这几次重大的改革,由于步子迈得过大过快,过分强调市场的作用,削弱了经济的计划性,宏观经济有所失控。南斯拉夫国民经济产生了一些不稳定因素,出现了比例失调、物价上涨、通货膨胀、失业率增加等问题，这种情况要求南斯拉夫寻求新的解决办法。

第三个时期是1971年以后推行"联合劳动"制。1974年颁布的南斯拉夫联邦新宪法，把"联合劳动"确定为新的社会经济体制。1976年11月南斯拉夫颁布了《联合劳动法》。在南全国的企业中，普遍按"联合劳动"原则组织起来。"联合劳动"的组织形式分三层：最基层为"联合劳动基层组织"，即车间一级。第二层为"劳动组织"，它是由若干"联合劳动基层组织"组成的，即工厂一级。第三层为"联合劳动复合组织"，即更大规模的经济单位，由若干"劳动组织"组成。在"自治"原则不变的情况下，南通过加强上述几层组织的相互联系，克服了企业间"各自为政""自行其事"的弊病。

在这个阶段里，在计划体制方面，继续发挥市场积极作用，但强调要注意计划对经济的指导作用，减少分散性、盲目性。

在农业方面，南斯拉夫在汲取了照搬苏联集体农庄制的沉痛教训后，下决心也要走适合本国条件的道路。

铁托有一句名言：

"农村社会主义是发展还是削弱，取决于我们自己。如果我们自己因建立社会主义成分而打不出粮食来，如果我们做出蠢事来，社会主义成分是不会发展起来的。"

本着这种精神，南斯拉夫彻底放弃了苏联式的集体农庄道路，允许农民退社并单干，同时用新型农业合作社来为个体农民服务，引导他们发展生产。

有关政策出台后，原来集体农庄式的劳动合作社纷纷解散，农民退社单干，当时退社单干的农户耕地面积占全国耕地面积的90%。其中一个严重的问题是，退社单干的农户缺乏耕畜和农具。针对这个问题，1957年南斯拉夫联邦议会确定了发展农村经济的新方针，即努力使农业生产过程逐步社会化。这种社会化不是从联合农民的土地入手，不实行强制性的土地国有化，而是从生产社会化入手，让公有的生产工具在私有土地上使用，

铁托传奇

用现代化大型生产工具"武装"大型的农业生产组织,为个体农民提供服务,把个体农民的生产和销售纳入社会大生产轨道。同时大力发展大型的农工联合企业和专业化生产技术合作社,让它们与个体农民进行合作,引导个体农民走向社会主义大生产的道路。

在改革国内经济制度的同时,为了更好地实现对外开放的战略,对外贸易体制进行改革,势在必行。

1945年9月,南斯拉夫颁布《外贸与外汇管理法》,规定全部对外贸易由国家垄断,对外汇实行集中管理,统一经营,联邦对外贸易部编制指令性的进出口计划,颁布进出口法令,签定贸易协定。

1950年以后,南斯拉夫开始对上述外贸体制进行改革。调整后的外贸部职能大大消减了,只剩下分析外贸流通情况、监督进出口计划完成、调整中央同外国的经济关系等。国家垄断外贸的机制被取消了。相关法律规定,凡具备条件的企业经政府审批可直接从事进出口业务,其结果从事外贸的单位大大增加了。

这一改革使南斯拉夫对外贸易迅速发展。但在执行过程中也暴露出一些问题,表现为在外贸中该集中的职权没有集中,相应管理没有跟上,工厂企业权力过大,外贸经营分散,相互竞争激烈。在接下来的年代里,南斯拉夫不断地对外贸体制进行改革。改革的主导思想是:必须坚持外贸和外汇的非国家集权化,就是不能搞国家垄断,放宽进出口限制,进一步推动贸易的自由化,加强出口商品在国际市场上的竞争能力等。

在南斯拉夫推行社会主义自治制度的重大社会经济改革的同时,铁托认为,党的作用、党和国家的关系等方面也必须进行调整。

1952年,在南共第六次代表大会上,南共改名为"南斯拉夫共产主义者联盟",强调"南共联盟"是根据自觉和自愿组织起来的,盟员可以自愿退盟。铁托说,"我深信,如果把我们的党称作共产主义者联盟,肯定会更确切,也会符合目前阶段和今后发展远景。这不是什么新东西,因为马克思曾提出这个名称。当然这不会影响到党的组织结构及其民主集中制。当我说南共今后最重要的作用是思想教育性的作用时,我并不认为其他一切领导职能都不存在了。"

在这次代表大会通过的新盟章中,删去了原章程中,"南共是工人阶级先锋队""南共是南斯拉夫人民建设社会主义斗争的发起者、组织者和领导者"的字句,增加了"南共联盟是南斯拉夫工人阶级的有组织的政治力量"。1969年,在南共联盟第九次代表大会上通过的章程写道:"南共联盟是南斯拉夫工人和全体劳动人民在为社会主义而斗争中的革命的、有组织的和在政治思想方面起引导作用的力量。"

## 四、铁托关于马列主义和南斯拉夫实践的一些论述

**我们之所以投入斗争,是因为我们不仅口头上而且行动上是马克思主义者**

1948年7月,铁托在南共五大的报告中指出,"现在从四面八方都有人想给我们讲授马克思列宁主义的ABC,可是这些教员是在无的放矢,他们摘引了马克思、恩格斯、列宁和斯大林著作中的语句,却不看一看,我们早已实际运用了而且现在还正在运用着这些原理。他们否认我们是马克思主义者、列宁主义者。那么我们的党到底依据什么科学取得了这样巨大的成就呢?我们在1941年站在苏联一边投入殊死的战斗,到底是根据托洛茨基的观点,还是由于我们忠于马克思列宁主义,忠于那个在苏联已经和正在付诸实践的理论?逻辑表明,我们之所以投入斗争,是因为我们不仅在口头上,而且在行动上是马克思列宁主义者。"

**马克思主义不是一成不变的东西**

铁托在报告中同时指出,"有人不承认我们是走上了实现这些任务的某种新道路,这就等于把马克思列宁主义宣布为教条,宣布为某种即使出现新条件也不再会有发展的东西。这不是唯物辩证法的观点。我们在这方面则坚持列宁的学说。列宁引证恩格斯的话说:恩格斯在谈到他自己和他那位赫赫有名的朋友(指马克思——铁托注)时说过,我们的学说不是教

条,而是行动的指南。列宁接着说:这个经典式的定义异常鲜明而有力地强调了马克思主义的往往被人忽视的那一方面。而忽视那一方面,就会把马克思主义变成一种片面的、畸形的、僵死的东西,就会阉割马克思主义的活的灵魂,破坏它的根本理论基础——辩证法,即关于包罗万象和充满矛盾的历史发展的学说,就会破坏它同时代的一定实际任务,即随着每一次新的历史转变而改变着的任务之间的联系。列宁又说:正是现在,在那些关心马克思主义在俄国的命运的人们中间,往往有一些人恰恰忽视了马克思主义这一方面。正因为马克思主义不是死的教条,不是什么一成不变的学说,而是活的行动指南,它就不能不反映出社会生活条件的异常剧烈的变化。

列宁就是这样说的和这样教导我们的。可是现在却有人强迫我们在我国社会主义建设道路上死死地守着某些信条。"

**必须通过实践来实现马克思的理想**

1968年11月29日,铁托在纪念南斯拉夫反法西斯人民解放委员会成立20周年大会上讲话说,"我国的革命奠定了一个民主的社会主义的社会基础。根据我国革命的特点,根据革命的规律和恢复被破坏的国家及按计划建设的头几年的经验,特别是根据我们希望谋求最适合我国的自主的社会主义发展的道路和形式,我们逐渐认识到必须通过实践来实现马克思的理想:把工厂交给工人管理和建立这样的一种社会经济体制,在这种体制下,自治应成为千百万人的直接实践。我们当时考虑的一个事实是:建设社会主义的主体不是国家机关,而是工人阶级和所有联合在社会所有的生产资料之中的劳动者。

通过把企业交给劳动集体管理,我们在为永远防止重新产生官僚主义关系创造社会条件和物质条件方面迈出第一步,也为我国的自治制度的发展奠定了基础。我们当时深信,事后我国的实践也证实:这是一条确认工人队级和全体劳动人民的创造性作用的途径,也是实现他们真正利益的保证,这也是我国革命继续进行的民主和人道性质的反映,因为我们一开始就把人放在第一位，因为我们从来也没有让这样一种看法占上风，即人们的利益应该服从于什么'最高目标'。"

**列宁的事业为南共的思想、革命战略和实践奠定了基础**

1970年4月18日，铁托为纪念列宁诞生100周年在苏联《真理报》上发表的题为《列宁是社会主义革命的思想家和战略家》的文章中指出，"列宁丰富了科学社会主义创始人马克思和恩格斯的思想，创造性地发展了他们的思想，并成功地把他们的思想变成革命实践。十月革命开始了全世界社会主义的纪元。列宁进行第一次伟大的社会主义革命所采用的方式以及总结这场革命的经验的方式，对世界革命运动和解放运动来说成为积极的推动和有力的鼓舞。

列宁的事业为南斯拉夫共产党，即南斯拉夫共产主义者联盟的思想、革命战略和实践奠定了基础，它贯穿于我国工人阶级和人民为争取社会主义和建立联合生产者的自由共同体而斗争的每一个阶段，包括现阶段。"

**马列主义的实质在于科学和革命斗争的不可分割的统一**

铁托还强调，"南斯拉夫共产主义者一向特别赞赏列宁对马克思主义的创造性态度。

列宁正确地强调指出，没有革命的理论就没有革命的运动。他经常指出，马克思主义是科学，因此，在行动上也应当这样对待它。这当然意味着工人运动在其实际政策中要创造性地运用马克思主义的科学。

马克思主义和列宁主义作为创造性的学说不承认现成的处方和公式，也不会容忍教条主义。革命的理论在不断地发展、充实，并在革命实践中获得新的科学知识和理论知识并在经验基础上加以校正。也就是说，工人运动不是去执行某种一成不变的学说的条文，而是从马克思主义和列宁主义关于工人阶级历史利益的活生生的科学观点出发，对工人运动的立场和政策不断地进行评价。

革命的理论不是现成的，不是对工人运动所处的和所开展活动的一切

社会历史情况都是适用的。科学性必须同具体的革命相结合。马克思主义和列宁主义的实质在于科学和革命斗争的不可分割的统一。

列宁作为革命的思想家一向不赞成把马克思主义变成死板和静止的学说,他不把一个国家在革命运动中所取得的某些经验绝对化。列宁相信,一个运动的经验不能成为证明其他革命运动的道路和斗争是否正确的普遍标准。"

**工人阶级的解放是工人阶级自己的事业**

铁托认为,"列宁在他的理论著作中,在制定政治目标和日常实际活动中,充分肯定并彻底运用了马克思关于工人阶级的解放应当是工人阶级自己的事业,工人阶级是建设新社会和社会主义社会关系的主体,社会主义是千百万人的实践的思想。

为此,列宁经常指出,社会主义发展的每一步都应该加强工人阶级的作用和他们的直接责任感,使工人阶级和其他劳动阶层更广泛地参与国家管理,决定社会事务。列宁在这里看到了社会主义民主的实质。

从这一点出发,列宁倡导和支持了建立苏维埃的工作,并把苏维埃看成是工人阶级革命政权的形式,它保证吸引最广泛的劳动阶层来管理国家。列宁指出,从这个意义上说,只有劳动人民都参与了管理的时候,才能赢得反对官僚主义的胜利并完全战胜它。"

## 五、经济发展速度惊人,人民生活改善显著,犹如苏联僵化经济模式田野旁的一朵红花

**经济发展速度一度名列世界前茅,仅次于日本**

1948年苏联对南斯拉夫实行全面围堵后,南斯拉夫经济一度陷入极其严重的危机之中。南斯拉夫从1950年推行自治制度以后,经济不但站稳了脚跟,而且开始了小幅增长。1948年至1952年,南斯拉夫的社会总产

值年均增长率为2.4%，工业生产平均年增长率为6.6%。

之后，从1952年开始南斯拉夫的经济以惊人的速度发展。从1953年到1963年这十年，是南斯拉夫经济发展最快的十年。

工业生产增长率达到世界最高水平，仅次于日本，其逐年增长的数字如下：1953年11%，1954年14%，1955年16%，1956年16%，1957年17%。如果按1953年到1960年计算，年增长率为12.5%。这一时期主要工业产品产量都翻了一番至两番。例如：

电力　　从29亿度增至80亿度

煤　　　从1000万吨增至2200万吨

石油　　从17万吨增至60万吨

原钢　　从51万吨增至130万吨

社会总产值在上述时期里平均年增长率为10.4%，也就是说，社会总产值在这几年里翻了一番，进出口总额在这个时期里也翻了一番，年均增长率为11%。农业生产1953年至1956年年均增长率仅为5.6%，1957年至1960年年均增长率却达到11%。

60年代中期，南斯拉夫在实施社会主义自治制度过程中，在发展经济过程中，出现了一些问题，如比例失调、宏观经济有所失控、基本建设战线过长、外贸赤字增加等问题。在这种情况下，铁托坚持自治制度不动摇，坚决反对回到国家集权主义的老路，而是不断地完善自治制度，克服在实践过程中的某些弊端。政府出台了一系列新经济措施，促使经济稳定发展，从而使南斯拉夫经济在后来的年代里，仍能持续地保持较快速度发展。

1950年至1975年南斯拉夫的社会总产量年平均为7.3%，仅次于日本，占世界第二位。

1953年至1979年，南斯拉夫的社会总产值增加了5倍，年均增长为6.9%，工业生产增加了12倍，年均增长为8.6%，农业生产增长了3倍，年平均增长为3.7%。

南斯拉夫的经济水平与西欧发达国家、与世界平均水平的差距大大缩

小了：

50年代与西欧经济发达国家的差距为3.7∶1，70年代缩小到2.7∶1。1980年的社会总产值相当于西班牙1977年的水平。

1953年南斯拉夫的人均国民收入为世界平均水平的54%，1973年上升为120%。

1945年至1980年南斯拉夫的人均国民收入从100美元增加到2550美元。

1970年，南斯拉夫人均社会总产值达到了世界平均水平。

1950年至1975年，南斯拉夫的国民收入年均增长5.7%，快于苏联、东欧国家。

实践证明，正是由于南斯拉夫摒弃了苏联那种压抑工人生产积极性、束缚生产力发展的经济模式，实行了重大经济改革和对外开放，走适合本国条件的发展道路，搞活了经济，促进了生产大发展，从而使南斯拉夫到上世纪70年代末成为一个具有中等发展程度的工业农业国。当年西方媒体把这个"南斯拉夫现象"描绘成苏联僵化经济模式田埂外绽开的一朵红花，颇耐人寻味。

## 六、"一切努力都是为了不断改善全国人民的生活条件"

与苏联当年一味强调发展重工业而忽视发展轻工业和日常生活用品生产的方针相反，铁托非常重视消费品的生产和提高社会消费水平。

铁托的执政为民、造福于民的思想非常鲜明。早在1956年铁托就明确地说：

"为提高产量和生产率，为解决生产结构问题，为使欠发达地区得到更快发展而作出的一切努力，目的都是为了不断改善全国人民的生活条件……一些人不总是考虑某项投资是否和在多大程度上有助于改善我国人民的生活，这里指的是今天或明天，而不是遥远的未来。"同年，铁托在另一次讲话中又说，"我们现在必须努力提高人民生活水平，同时加强国防，这是要优先考虑的两件事。"

在铁托亲自干预下，1956年，南斯拉夫确定了加快消费品生产，大幅度改善人民生活质量的方针。1956年以后，消费品生产的增长开始超过社会产品的增长。1956—1975年消费品生产年均增11%，快于整个工业生产年均增长率（10.4%），也快于生产资料生产的年均增长（10.6%）。大量物美价廉的消费品和高档的耐用品投放市场，满足了人民日益增长的生活需求。几年里贵重消费品的保有量迅速增加，如：

|  | 1956年 | 1959年 |
|---|---|---|
| 电冰箱 | 1万台 | 8万台 |
| 小汽车 | 1.4万辆 | 4万辆 |

在政府关心居民消费的政策推动下，居民个人消费不断增长，从1953年到1960年，年均增长4.6%，而1957年至1966年，年均增长为10%。1952年至1979年人均消费电力增加了37倍，洗衣粉、肥皂增加了7倍，纺织品增加了3倍，鞋类增加了2.4倍。

70年代中期在收入与消费方面南斯拉夫与苏联东欧比较：

南斯拉夫小汽车保有量为每千人90辆，或者说平均每5户就有一辆小汽车（在南斯拉夫的发达地区，如斯洛文尼亚和克罗地亚，平均每2户就有一辆汽车），仅次于东德和捷克，比苏联和其他东欧国家高得多。

南斯拉夫人均居住面积为14.7平米，而苏联为12.8平米。

南斯拉夫年人均水果消费量68公斤，苏联只有34公斤。

南斯拉夫人均国民收入不如苏联高，但职工工资水平比苏联高，这是由于南斯拉夫主要是通过提高人民的实际收入来实现人民生活水平的提高。从1950年到1980年，按人口计算的个人消费基金增长率与国民收入的增长率基本上是同步的。做到这一点是难能可贵的，这是铁托的"富民政策"的重要措施，是当年苏联做不到的。

南斯拉夫家庭消费结构变化很快，家庭用于食品的开支从1952年的54%，下降到1979年的37%；用于旅游、交通的开支从1952的1.7%，

上升到 1979 年的 12%。

从 1956 年起，政府不断推出许多福利措施。举几个例子：

第一，所有参加工作的公民及其家属可以享受公费医疗。他们患病住院期间，伙食免费。

第二，妇女和儿童享有更多福利。产假为带工资的 105—200 天。产假满后，婴儿一周岁以内，母亲每日可减少 4 个小时工作时间。家庭收入低于规定水平的职工可领取儿童补贴。

第三，所有在校学生都享有公费医疗。

第四，大力发展医疗机构。到 1977 年，平均每千人 6 张病床，平均每 760 人 1 名医生。

第五，70 年代初就开始实行每周五日工作制。

第六，60 年代末就实行职工带薪年休假的制度。

## 七、对外开放的一个大胆举措
## ——向外国旅游者开放边境

南斯拉夫山水秀丽，气候宜人。亚得里亚海岸线长达 1000 多公里，海岛星罗棋布，其自然条件十分适宜游览和度假，历来就是世界著名的旅游胜地。战前这里的旅游景点就已开发。南斯拉夫建国后在恢复和发展国民经济中也很重视海滨的旅游设施的修复和重建，兴建了不少旅游网点，包括职工疗养所。从 1947 年起，南斯拉夫的国际旅游开始活跃，但不很兴旺。1950 年以后，在推行全面的经济改革中，南斯拉夫对旅游业也进行了改革。改革的主要内容是，把原有的国营疗养所、旅馆全部并入商业性网点，实行分散管理，住宿和餐饮价格自由形成。1951 年南斯拉夫政府利用外国贷款修建了一条从海岸线北端的里耶卡港至最南端的巴尔港长达 900 公里的滨海公路。它象一条金线把沿海的城市和景点串起来，使沿海旅游业兴旺发达。从 1952 年起，国际旅游开始兴旺起来。在已有的旅馆不能容纳越来越多的外国旅游者的情况下，南斯拉夫政府鼓励当地居民腾出自己的住房或扩建住房，作为私营旅店接得外国旅游者。地方政府对私营旅店实行严格管理，要求在服务设施、卫生和安全等方面必须达标。很快，沿海边的山坡上，一排排粉红瓦白墙的小洋房，如雨后蘑菇长了出来，构成美丽的珠秀图案，给全国的旅游业加力，让当地居民富了起来。

南斯拉夫从1965年开始先后同40多个国家签订了互免签证的协定，从而向外国人、特别是旅游者敞开国门，为外国人进出南斯拉夫提供方便。这对苏联东欧国家是不可思议的事。这一举措大大地促进了南斯拉夫旅游业的发展，促进了南斯拉夫人民与世界各国人民的交流，也为南斯拉夫创造了大量外汇收入。

到70年代末，南斯拉夫年接待外国游客达500万，年创汇约14亿美元。

这项与40多个国家互免签证的协定，也方便了南斯拉夫公民自由出国。从60年代初起，南斯拉夫政府就允许年满18岁的公民持有护照，可以自由地出国。与此同时，由于南斯拉夫实行了职工带薪休年假的制度，广大职工可以很方便地到自己想去国家旅游，出国人数逐年增加，1979年出国人数达2200万人次，比1965年增加了16倍。

这项互免签证的协定也大大方便了那些想出国谋生挣钱的公民。据统计，到70年代初，南斯拉夫在国外打工者人数达58万，占全国人口的2.6%，占国内就业人数的9.7%。每年汇回外汇达60亿美元，占当年国家非贸易收入的60%。这些打工者多数是在德国、法国、意大利、奥地利等国工作，他们为国家创汇，也让自己富了起来。一般在国外打工数年后回国，都可以带回一辆名牌汽车或带回钱来盖房子。这也是铁托富民政策的一部分。

# 八、南斯拉夫人过着比苏联人更现代化、更繁荣的生活

当年有人夸南斯拉夫是"小美国"。但不是像苏联指控的"帝国主义代理人"那个意思，也不是指南斯拉夫已是资产队级自由化的国家的那个

意思，而是指南斯拉夫城市繁荣，商品丰富，吸纳了西方发达国家时尚生活的理念。

在这里，作者根据自己的回忆，如实地描述当年见到的情景片段。

当苏联人还没见过、甚至没听说过什么是高速公路时，南斯拉夫按发达国家的标准，修建了一条从贝尔格莱德经萨格勒布至卢布尔雅那长达600多公里的高速公路。沿路按国际标准距离设有电话亭、服务区、公路客栈等。

60年代，当苏联人还不知道什么是"Supermarket"（超级市场）时，在南斯拉夫首都贝尔格莱德就开了一家按发达国家标准设计的自选商店。该自选商店离中国驻南斯拉夫使馆只有50米左右，我们曾常去那里购物。使馆不少人说不出商店的外文名称，都叫它"美国商店"。

70年代初，在贝尔格莱德市中心，修建了一座优雅时尚的高楼，取名为"贝尔格莱德女人"。这是一座现代化商场，商品陈设方式不再是传统柜台式，而是开架式的，商品与顾客零距离。上下楼是滚动式电梯，这一切在当年是多么时尚！商场内商品有进口的，也有国产的，质量高，款式新颖。进口高档商品应有尽有：日本、荷兰产的彩电，意大利产的电冰箱和洗衣机，西德产的照相设备……到过莫斯科百货大楼以及南斯拉夫周边邻国保加利亚、阿尔巴尼亚、罗马尼亚的百货商店的中国人，印象最深刻的是：那里商品的品种、质量、数量远不如南斯拉夫。一些中国人用"傻大黑粗"四个字来形容苏联的商品。

60年代末，南斯拉夫在新贝尔格莱德萨瓦河畔修建了一座现代化的、五星标准的会议中心，名为"萨瓦中心"。"中心"使用面积达7.5万平方米，有15个会议厅以及各种娱乐性、服务性设施，它既是一个官方使用场所，又是供广大群众娱乐的场所。在这个"中心"曾召开过许多国际会议和南共联盟代表大会等。

60年代末，在贝尔格莱德的大街上，就已是"车水马龙"了，不仅有中低档的车，而且也有不少奔驰、宝马等高档名牌车，这是因为汽车已进入普遍家庭。

在南斯拉夫各大城市的非中心地带，都有很多幽静的小街，街道两旁带花园的"小洋楼"比比皆是。这是一部分先富起来的人们花钱买了土地盖起来的，其中也有中等富裕人们的"小康之家"。同时，在新贝尔格莱德，新住宅如雨后春笋般出现。虽然苏联的住宅建设力度也很大，但相比之下，南斯拉夫的新建住宅更美观时尚。

　　夏季到来，成千上万的来自世界各国的游客云集亚得里亚海滨，花花绿绿，人山人海。操着英语、法语、德语的外国人和南斯拉夫人交汇在沙滩上，相互交流，共享大自然。不知是出于赶时髦，还是为了招揽游客，在南斯拉夫海滨划出专门的地段，办起了"裸体浴场"，每年都有不少"自然主义者"慕名而来，寻找"无拘束生活"和"回归大自然"的感觉。"自然主义者国际会议"还曾在南斯拉夫海滨开过会。这件事在当时引起质疑，有人持反对意见，也有人说不必在意。

　　由于铁托的开放政策，南斯拉夫普通老百姓同外国人相处时都友好热情，没有拘束。南斯拉夫政府从不为外国驻南斯拉夫使节专门建什么"外交公寓"。各国外交官员和职员都是自行求租老百姓的房子（当局仅为大使提供大使官邸）。南斯拉夫人对中国外交人员更是热情友好，他们常请我们去他们的家里做客，或请我们去农村参加其亲属的婚礼，让我们了解他们的民俗。

　　如果仔细观察首都贝尔格莱德的市政建设，人们会注意到两个现象，一是党的机关新建办公大楼很少，二是公车也很少。解放后几十年来，联邦机关新建的行政大楼很少，主要是联邦大厦和党中央大厦。联邦大厦是联邦政府各部门的办公场所，也是铁托举行国庆招待会或其他庆祝活动的场所，是当年相当现代化的大楼。党中央大厦是有20层的塔式建筑，名为大厦，实际不大，党中央所有部门均在此楼办公。联邦议会、外交部等机关的办公场所都是旧楼改建的。

　　多年来，南斯拉夫政府多次出台规定，限制公车数量和使用范围以及减少使用进口车的比例。根据规定，只有联邦主席团主席和委员、联邦议长、联邦总理、联邦宪法法院院长配有专车。联邦副议长、联邦政府副总

理、联邦部长、副部长都没有专车，但上下班有车接送，因公可随时要车。

这些都反映出铁托"精兵减政""藏富于民"的思想。

## 九、坚持社会主义，坚决反对把南斯拉夫引向资产阶级民主化的道路

在南斯拉夫放弃苏联模式实行自治制度之后，西方反共势力兴高采烈，极力鼓吹南斯拉夫放弃一党制，走资产阶级民主化道路。

1952年，铁托在南共第六次代表大会上的报告中，有一段话专门批驳所谓南斯拉夫应实行多党制的谬论：

"有人经常指责我们没有实行多党制，说我们的绝大多数公民被剥夺了参与某个政治组织的机会。我们说我们有人民阵线，这也无济于事。多党制在我国条件下实际上会意味着什么呢？多党制意味着有许多党派和关于社会生活和发展的许多纲领，意味着革命和社会发展的担当者容许有组织地破坏革命成果。众所周知，在衰亡的旧势力与为社会发展带来进步的新生革命力量之间进行的武装斗争胜负已定。历史上有哪一次真正的和彻底的革命自愿地把武器交还给已被打败的敌人手里，让它来反对革命的胜利呢？一次也没有。这个历史真理是西方人士所不愿理解的，即使理解这个真理，还是想把我们置于困境。西方某些社会党人也问我们为什么我们没有多党制。他们不能理解，在我们这里不是通过多党制的道路，而是要反对这种制度，才能走向社会主义。"

1954年，铁托在一次公开讲话中说：

"国外时常对我们提出各种指责，说我们实行的是一党制，没有西方的民主。要知道我们的民主不同于形式上的民主，即所谓西欧民主。我们的民主是基于物质基础上的。这种民主的发扬是和国家的经济发展分不开的，并且是一道发展的，它必然达到经济发展所达到的程度。"

令铁托没有想到的是，资产阶级自由化思潮的代表人物竟然是与他出

生入死的老战友、南共核心领导成员米洛万·吉拉斯。

吉拉斯1911年出身于黑山的一个农民家庭，曾在贝尔格莱德大学读过哲学和法律。1932年吉拉斯加入南共，1933年被捕入狱，服刑三年。1937年铁托任南共总书记后，十分器重吉拉斯。1938年吉拉斯当选为南共中央委员，两年后当选为政治局委员。在反法斯西战争中，吉拉斯是最高司令部成员。1948年南苏冲突中吉拉斯是铁托的得力助手。1952年任南共中央执行委员、中央书记。1953年初任南斯拉夫联邦政府副总理，1953年底任南斯拉夫联邦议会主席。

吉拉斯不仅是政治家，而且是政论家、文学家。他颇有文采，除发表过大量政论文章外，还发表过一些文学作品。

从1953年9月起，吉拉斯利用职务之便，在南斯拉夫报刊上不断撰文，发表违背南共路线的观点。起初每周1篇，后来在17天里竟然发表了13篇。开始由于他的观点比较隐讳，也由于他在党内的高位，人们对其文章不加怀疑，就连铁托本人也不大留意。吉拉斯在发表了不少文章后，征求过铁托对其文章的意见，铁托表示对有些内容不同意，但基本是好的，没有理由不再写。于是吉拉斯便大干起来，大肆宣扬西方多党制的议会民主。这些文章在党内和人民群众中引起严重的思想混乱。西方媒体就此大做文章，渲染南斯拉夫已向西方民主靠拢了。

1953年12月，铁托向吉拉斯指出，他的行为不仅对党的团结，而且对南斯拉夫社会主义的发展都是十分危险的。吉拉斯没有接受铁托的批评，而是变本加厉地在报上发表自己的观点。

1954年1月，南共联盟召开非常中央全会，专门讨论吉拉斯问题。这次全会有两个特点：第一，会议完全公开。贝尔格莱德广播电台直接播放了会议的全过程，所有工厂、机关、团体都组织全体员工收听并讨论；第二，会议充分体现出帮助和挽救吉拉斯的精神，发言者态度诚恳，都称呼他为同志。

铁托在全会的开幕和闭幕会上都讲了话，指出吉拉斯的文章是攻击南共联盟，是要取消南共联盟，是损害党和国家的统一的行为。吉拉斯所写

的文章不是什么独创的新理论，不是关于南斯拉夫发展的新思想，而是想用哲学探讨来掩盖他所宣传的主张，即取消共产主义者联盟，使资本主义复辟。

铁托说，"国外的敌人在大吵大嚷，他们全都跳了出来，我从未见过对南斯拉夫的议论像这几天这么多。一些社会民主党人、民主党人说，南斯拉夫已发展到如此高的水平，以致我们可以和吉拉斯一样随便议论和批评南斯拉夫一党制所依据的原则了。反动派得意忘形地说，南斯拉夫现在已走上了另一条路了，就是说，南斯拉夫已转向依靠西方了，已改变了对内对外方针了。"

铁托在全会上说："我为我们许多党员的政治思想水平低得难以想象而感到不安。他们还以为这是我国社会主义发展的什么新理论。这是使每一个有觉悟的共产主义者深感不安的最主要的事情。由此而出现了大混乱是毫不奇怪的。如果我不是看到简直像大雪块开始从房顶上掉下来那样有害后果，我无论如何不会走到这一步，即建议召开中央全会。"

铁托在全会上指出：

"民主是达到社会主义这个主要目标的手段。社会主义本身就包含着最民主的管理形式，因为没有社会主义就没有真正的民主，而没有民主也就没有真正的社会主义。宣传为民主而民主，而且是西方型的民主，形式上的民主，那就是倒退到旧社会制度形式上去，而不是像吉拉斯同志说的那样向前进。"

铁托在全会上斩钉截铁地说：

"我可以在此声明，让全世界都听到，诸如此类事件决不会改变我们已选定的国内发展方向，即发扬民主和实现真正社会主义民主的方向，也就是我国通向社会主义和发扬社会主义民主的独立道路。"

全会经过讨论，对吉拉斯问题作出如下决议：

第一，吉拉斯在其文章中阐述的观点是与南共联盟第六次代表大会的政治路线相抵触的；

第二，由于吉拉斯在共盟中的地位，这种观点使社会舆论产生思想混乱，给共盟和国家造成重大损失；

第三，吉拉斯由于自己的立场和行为而远离南共联盟中央和整个共盟，破坏共盟思想和组织上的一致，会议决定把吉拉斯开除出中央委员会，解除其在共盟中的一切职务，给予最后警告处分。

会后，吉拉斯提出自愿退出共盟，辞去联邦议会主席职务。

吉拉斯一意孤行，越走越远，他擅自同西方人士接触，先后向美国副国务卿、美国大学教授、英国工党领袖、路透社等发表谈话，说什么"南斯拉夫的权力掌握在最反动分子手中"。

至此，铁托不得不使用法律手段。贝尔格莱德区法院判处吉拉斯18个月徒刑。1957年10月，吉拉斯因非法出版《新阶级》一书，被法庭判处7年徒刑。1962年因"泄漏国家机密"罪再判处13年徒刑。

吉拉斯的《新阶级》一书在西方出版发行后，美国一家杂志称，《新阶级》一书是一颗政治炸弹，它将炸毁共产主义理论。西方某出版商把吉拉斯这本书与马克思的《共产党宣言》作比对，称之为《反共产党宣言》。

由于铁托在非常中央全会上在全国人民面前有力地批判了吉拉斯的资产阶级自由化的观点以及后来同吉拉斯的思想和行为不断地开展斗争，广大群众澄清了思想，坚定了走社会主义的道路的决心。但吉拉斯的思想在一部分知识分子和大学生中有一定的市场。1968年和1971年在贝尔格莱德、萨格勒布发生的青年学生罢课、示威游行事件，以及在大学教授中成立的以"批判现存一切"为口号的所谓"新左派""实践派"，都与吉拉斯的思想一脉相承。由于铁托及时地、得当地采取措施，事件都得到妥善处理。

# 国内民族关系篇

——为南斯拉夫各民族平等和共同繁荣而鞠躬尽瘁

## 一、错综复杂的民族构成，长期积累的历史怨仇

公元 6 世纪，居住在波罗的海和黑海之间辽阔区域上的斯拉夫人，在一次民族大迁徙中，南下来到巴尔干半岛定居。在漫长的岁月中逐渐形成了塞尔维亚、克罗地亚、斯洛文尼亚等民族，建立了大小不同的王国。在 1000 多年的历史长河中，它们历经沧桑，曾分别遭受拜占庭帝国、奥斯曼帝国、奥匈帝国等列强的兼并。塞尔维亚王国于 13 世纪初至 14 世纪末曾相当兴盛，其版图几乎占巴尔干半岛的 2/3。后来渐渐衰弱，被奥斯曼帝国统治长达 400 多年。克罗地亚民族在 10 世纪就建立了自己的国家，当时克罗地亚的疆域大大超过现今的克罗地亚。1089 年匈牙利帝国兼并了克罗地亚达数百年。后来奥地利与匈牙利合并成奥匈帝国，克罗地亚成为奥匈帝国中享有一定自治权的领地。斯洛文尼亚族基本上居住在罗马帝国的边陲地带，曾长期遭受奥匈帝国的统治。这些帝国的长期统治，对这些南斯拉夫民族的经济、文化、习俗等产生深刻而又不同的影响。北部的克罗地亚、斯洛文尼亚部分地区由于受奥匈帝国的统治，经济和文化相对发达。南部的塞尔维亚由于受奥斯曼帝国的统治，经济文化相对落后。各民族的宗教信仰也不相同。北部的克罗地亚信奉天主教，南部的塞尔维亚信奉东正教。

在整个南斯拉夫区域内，除前面提到的塞尔维亚、克罗地亚和斯洛文尼亚三个相对大的民族区域外，还有很小的黑山族的区域，马其顿族的区域以及由塞尔维亚族、克罗地亚族和穆斯林族混居的波斯尼亚—黑塞戈维那（简称波黑）区域。

更为复杂的是，在一些民族地区还形成了"你中有我，我中有你"的格局。在克罗地亚境内，在克宁、利卡地区聚居着数十万塞尔维亚族人。这些塞尔维亚人在那里定居已数百年，克罗地亚人不喜欢他们，而他们又有寄人篱下之感，不断要求把他们居住的地区并入塞尔维亚。这个要求就

铁托传奇

等于要割去克罗地亚的一部分领土，理所当然地遭克罗地亚反对。在塞尔维亚境内西南部与阿尔巴尼亚共和国接壤的一个地区叫科索沃，面积1万多平方公里，人口约200万。科索沃在历史上是塞尔维亚人最早活动的地方，塞尔维亚人称它为"塞尔维亚的心脏"。历史上塞族人不堪奥斯曼帝国的奴役和压迫，被迫大量迁出科索沃，而邻近的阿尔巴尼亚人乘虚而入，至使阿族人口在科索沃占80%以上。新南斯拉夫成立后，科索沃的阿族人不愿接受塞尔维亚的管辖，与科索沃中的占少数的塞尔维亚人不断发生冲突，并要求科索沃独立，建立科索沃共和国乃至与外面的阿尔巴尼亚合并成大阿尔巴尼亚。

1918年第一次世界大战结束后，三个民族区域联合成一个国家，名为"塞尔维亚人—克罗地亚人—斯洛文尼亚人王国"，1919年改名为"南斯拉夫王国"。南斯拉夫各族人民长期向往的联合国家终于建立了。但是令南斯拉夫各族人民失望的是，这个国家不是各民族平等的国家，而是资产阶级君主专制的国家。塞尔维亚资产阶级把持王位，在国家管理中占统治地位，排挤和打击其他民族，对各族人民实行剥削和压迫。塞尔维亚资产阶级推行大塞尔维亚霸权主义，实行民族同化政策，鼓吹塞尔维亚、克罗地亚、斯洛文尼亚是同一个民族的不同部族，即不承认克罗地亚和斯洛文尼亚是单独的民族，力图使克罗地亚和斯洛文尼亚"塞尔维亚化"。它收买克罗地亚和斯洛文尼亚中的反动分子，利用他们挑起民族间的矛盾，加深它们之间的隔阂和仇恨，以达到"分而治之"的目的。

由于塞尔维亚资产阶级实行的这种民族政策，民族之间屡屡发生互相残杀的事件。1928年塞尔维亚籍的黑山人、南斯拉夫国会议员在国民议会开会时，公然开枪打死了克罗地亚农民党领袖拉迪奇。克罗地亚人宣称永远不能忘记这一暴行。于是克罗地亚人成立了一个专门与塞尔维亚人作对的极端组织——"乌斯塔什运动"。这一运动的指导思想是："无条件地仇恨塞尔维亚人"。1934年南斯拉夫国王亚历山大（塞尔维亚族人）在访问法国马赛时，被"乌斯塔什"分子刺杀了。这一事件在南斯拉夫引起极大震动，激起塞尔维亚人对克罗地亚人的深仇大恨。

1941年德国法西斯占领南斯拉夫后，利用所谓"克罗地亚独立国"和"乌斯塔什"极端组织，挑动南斯拉夫各民族、主要是克罗地亚族和塞尔维亚族之间互相残杀。"克罗地亚独立国"政府仿效希特勒的纳粹主义法律，制定有关种族属性的法规，向居住在克罗地亚和波黑的近200万塞尔维亚族人下毒手：把一部分塞尔维亚人强迫外迁，把另一部分塞尔维亚人强行同化，把另外一部分塞尔维亚人屠杀，以达到建立"纯克罗地亚族"地区的目的。"乌斯塔什运动"分子也叫嚣要杀尽克罗地亚境内的所有塞尔维亚人。乌斯塔什分子依仗德国法西斯势力，对无辜的塞尔维亚居民大肆报复，封闭和焚毁东正教堂，强迫塞尔维亚人改信天主教，对不服从者实行肉体消灭政策。塞尔维亚人和犹太人、吉卜赛人一样不受法律保护。在克罗地亚，在公园和餐馆门前挂着"禁止塞尔维亚人、犹太人和狗入内"的牌子。乌斯塔什分子建立特种法庭和非常法庭审讯和惩处反抗者和人民解放运动的参加者。在萨格勒布东南的亚塞诺瓦茨建立的南斯拉夫最大的集中营，先后关押过上百万人，其中绝大部分是塞尔维亚人。战争期间，乌斯塔什分子伙同德军对塞尔维亚人和犹太人实行大屠杀，留下的"千人坑""万人坑"达数百个之多。仅从一个"万人坑"中就挖出重达5吨多的尸骨。与此同时，塞尔维亚的极端民族主义组织切特尼克分子也经常对塞尔维亚境内的克罗地亚居民进行血洗的报复。

## 二、铁托的民族理论和民族政策

1919年南斯拉夫共产党成立初期，南共领导在民族问题上的观点受社会民主主义思想影响很深。在1919年南共成立代表大会上，根本没有提及民族问题，更不用说对塞尔维亚资产阶级的民族政策进行批判。在1920年召开的南共第二次代表大会上，虽然提及了民族问题，但却低估了南斯拉夫民族问题的重要性，忽视了南斯拉夫境内其他民族的平等地位，甚至接受了资产阶级的观点，也认为塞尔维亚、克罗地亚、斯洛文尼亚是同一个民族，而塞尔维亚境内的其他民族都不是独立的民族。1923年南共领导

在民族问题上发生意见分歧：一派主张应把民族问题的解决同工农夺取政权的斗争联系起来，认为争取民族解放的斗争同无产阶级反对资本主义的阶级斗争是不可分割的；另一派则认为，如把民族问题同建立工农政权联系起来，只会推迟民族问题的解决，因此，南共应制定与南斯拉夫王国主张相适应的民族纲领，后者还认为，南斯拉夫王国中的民族问题属内部制度问题，是宪制范畴内的问题，认为民族矛盾可以通过修改宪法和进一步的改革加以解决，认为一旦革命成功，民族问题就会自行解决。

共产国际对南共内部的这一争论进行了干预。1924年共产国际第五次代表大会作出了《关于南斯拉夫民族问题的决议》。1925年斯大林发表了《论南斯拉夫民族问题的讲话》。《关于南斯拉夫民族问题的决议》和《论南斯拉夫民族问题的讲话》指出，南共的出发点应该是：不推翻资产阶级政权，民族问题就不可能得到比较满意的解决。此后，南共才形成了基本正确的民族纲领，即1918年塞尔维亚、克罗地亚、斯洛文尼亚实行联合，反映了南斯拉夫各族人民的意愿；南斯拉夫王国内各个民族是单独的民族；反对民族同化政策，各民族应享有平等和自决权，反对塞尔维亚资产阶级霸权主义，民族问题不是立宪问题；只有在工农夺取政权后，民族问题才能彻底解决。

1937年铁托出任南共领导后，在民族问题上原则接受共产国际和斯大林的意见，并依据马克思列宁主义的学说，确立了南共对民族问题的理论观点：

第一，塞尔维亚、克罗地亚、斯洛文尼亚是三个单独的民族，坚决反对塞尔维亚资产阶级的民族同化政策和民族霸权主义；

第二，承认南斯拉夫境内的其他民族，支持黑山族、马其顿族争取独立的斗争；

第三，主张南斯拉夫王国境内的各民族，无论大小，一律平等，每个民族都有自决权直至分立权；

第四，应建立南斯拉夫各民族平等的共同体，各民族应在民族的革命的民主纲领上广泛团结起来，应把民族解放运动和工人运动紧密地结合起来。

铁托对斯大林有关南斯拉夫民族的某些观点持批判态度，认为斯大林的某些观点是站不住脚的。

铁托指出，斯大林和共产国际过分强调1918年建立的南斯拉夫王国是人为制造的，即是根据凡尔赛和约而建立的；过分强调民族自决口号应表现为克罗地亚、斯洛文尼亚从南斯拉夫分离出去建立独立国家，即主张南斯拉夫王国应解体。铁托认为，塞尔维亚—克罗地亚—斯洛文尼亚王国是在塞尔维亚和法国军队进攻下建立的联合体，联合后塞尔维亚资产阶级实行民族霸权主义统治，但不应因此而否定南斯拉夫各族人民要求联合这一进步理想。铁托还不赞成斯大林关于南斯拉夫民族问题归根到底是农民问题的论点，认为这一论点是片面的，它只是在一定条件下，一定意义上是对的，民族问题实质上是社会的问题。铁托还认为，斯大林关于"资产阶级民族"和"社会主义民族"的理论是错误的。铁托认为，斯大林机械地规定了"民族主义"和"国际主义"的定义，把官僚主义、中央集权主义、霸权主义同社会主义、国际主义混为一谈。

在1937年南共新领导机构通过的决议中，采纳了铁托对解决南斯拉夫民族问题的意见，即在现存边界的南斯拉夫境内必须建立基于联邦原则之上的南斯拉夫各族人民的自由共同体；在德、意法西斯危险不断增长的形势下，南共在为建立和发展反法西斯统一战线而努力中，应始终把民族政策视为最重要的因素之一，应把加强南斯拉夫民族团结视为最重要的任务之一。

1942年，在反法西斯战争期间，铁托发表了题为《人民解放斗争中的民族问题》一文，明确地阐述了反对德国侵略者斗争与民族问题的关系。铁托写道：

"南斯拉夫今天的人民解放斗争和民族问题之间具有不可分割的联系。如果南斯拉夫人民未能在斗争中既看到对法西斯的胜利，又看到对那些压迫南斯拉夫人民并想继续压迫下去的人们的胜利，他们就不可能进行如此顽强的、成就如此辉煌的人民解放斗争。这里说的人民解放斗争，是指整

个南斯拉夫的人民解放斗争。如果它对每个民族本身不具有民族意义,也就是说,除了意味着整个南斯拉夫的解放之外,如果不同时意味着克罗地亚人、塞尔维亚人、斯洛文尼亚人、马其顿人、阿尔巴尼亚人、穆斯林人等民族的解放,如果人民解放斗争的内容不包括给南斯拉夫所有民族带来真正的自由、平等和兄弟友爱,那么这样的人民解放斗争也只能是一句空话,甚至是骗人的鬼话。人民解放斗争的实质就在于此!"

在铁托的正确的民族政策指引下,从反法西斯战争开始到战争结束,南共始终坚持在被法西斯占领者肢解的南斯拉夫境内,保持南共的组织上的统一,指挥南斯拉夫各民族的游击队共同抗敌。同时从"解放斗争又是每个民族自己事情"这一立场出发,积极支持和帮助每个民族的解放斗争。1943年底,在反对侵略者斗争的战场上取得有利的形势下,在南斯拉夫反法西斯人民解放委员会第二次会议上,铁托提出了把战争期间建立起来的新型民族关系用法律形式固定下来,按联邦原则建立新国家的新主张。

## 三、南斯拉夫建国后实行的具体民族政策

1945年新南斯拉夫诞生了。铁托于1941年向南斯拉夫各族人民作出的庄重诺言实现了。这个诺言就是:"在这场血腥的帝国主义战争中将在南斯拉夫各族人民真正平等的基础上建立一个友好的和自由的大家庭。"

铁托领导的这个新生的南斯拉夫,是一个方圆25万多平方公里、人口2400万、大小民族30多个的、有着十分复杂国情的"大家庭"。

当时人们用"1—8"的数字来形象地表述南斯拉夫国情的复杂性。即:

1个党(南斯拉夫共产党)和1个领袖(铁托)。

2种文字,即使用两种拼音文字书写:克罗地亚使用拉丁字母书写,塞尔维亚和黑山使用基里尔字母(类似俄文字母)书写。南斯拉夫的全国机关报《战斗报》在塞尔维亚用基里尔字母印刷发行,在克罗地亚用拉丁

字母印刷发行。

3种官方语言，即塞尔维亚—克罗地亚语、斯洛文尼亚语和马其顿语。

4种宗教，即东正教、天主教、伊斯兰教和新教。

5个主体民族，即塞尔维亚族、克罗地亚族、斯洛文尼亚族、马其顿族和黑山族。

6个共和国，即塞尔维亚共和国、克罗地亚共和国、斯洛文尼亚共和国、马其顿共和国、黑山共和国和波黑共和国。

7个邻国，即罗马尼亚、保加利亚、希腊、阿尔巴尼亚、意大利、匈牙利和奥地利。

8个联邦单位，即上述6个共和国加上伏依伏丁那自治省和科索沃自治省。

铁托领导的这个南斯拉夫中的6个共和国大小不等：

最大的是塞尔维亚共和国，面积8.8万平方公里，人口800万，其中有2个自治省，即伏依伏丁那自治省（面积2万多平方公里，人口近200万，是匈牙利族和罗马尼亚族聚居地区）和科索沃自治省（面积为1万多平方公里，人口200万，其中阿巴尼亚族占绝大多数）。

其次是克罗地亚共和国，面积为5.6万平方公里，人口约500万。

波黑共和国的面积和人口与克罗地亚相似。所不同的是波黑共和国由塞尔维亚、克罗地亚和穆斯林3个民族构成，其中穆斯林人口占一半左右。

其他3个共和国很小，斯洛文尼亚共和国和马其顿和国面积均为2万平方公里左右，人口均为200万左右。最小的是黑山共和国，面积1万多平方公里，人口60多万。

针对这种独特的国情，南斯拉夫建国后，实行了颇有特色的民族政策。1946年通过的第一个联邦宪法，就把民族平等、团结和友爱的政策用法律形式确定下来。这个宪法明文规定了南斯拉夫民族政策的如下基本原则：南斯拉夫联邦共和国是享有平等权利的各主权民族的共同体，各民族根据自决权可以自愿地加入或退出联邦，联邦内各共和国的主权只受联邦

宪法规定的限制,任何侵犯民族主权、平等和民族自由的行为都是违背宪法的;各少数民族在发展本民族文化和自由使用本民族语言方面的权利得到保护;南斯拉夫所有公民不分民族、种族、宗教信仰,在法律面前一律平等;任何根据民族、种族、宗教信仰而授予公民特权或限制公民权利的行为,以及宣传民族、种族和宗教的仇恨与不和的行为都是违背宪法的,应受到惩处。

该宪法规定联邦议会设两院:联邦院和民族院。民族院由175名代表组成,即每个共和国选出25名,伏依伏丁那自治省选出15名,科索沃自治省选出10名。民族院与联邦院权力平等,一切法律均需两院分别通过才生效。民族院的设立保障了各民族在处理国家事务中的平等权利。

铁托实行的具体民族政策可归纳为以下几个方面:

一是大力提倡各民族之间的"兄弟情谊和团结",坚决反对形形色色的民族主义。铁托谆谆教导要发扬战争年代用鲜血凝成的各民族友谊的传统,利用各种公开场合反复宣传各民族只有共同生活在这个社会主义大家庭中才有幸福的意识。营造"兄弟情谊",人人讲和人人珍惜,谁破坏"兄弟情谊"谁就是破坏革命成果的风气。铁托在南共盟代表大会等重要政治场合,经常"敲打"民族主义现象。铁托曾说过:

"必须经常揭露沙文主义现象,全面地研究其根源和原因,并努力把它从我国社会生活中清除掉。"

二是在经济上大力帮助不发达的民族地区加快发展,以缩小各民族之间在经济、文化发展程度上的差距。据统计,在解放后的南斯拉夫,最先进地区斯洛文尼亚与最落后地区科索沃相比,经济发达程度为7:1。用南斯拉夫经济学家的话来说,在南斯拉夫国内存在着西德和印度。所以,处理民族区域之间的经济问题是最尖锐、敏感的问题。铁托坚决主张,发达的民族地区有义务帮助不发达民族地区发展经济,以缩小各民族之间经济发展水平的差距。在帮助不发达地区发展经济建设和文化建设的方面主要有以下几种形式:

第一,无偿投资,用于专项建设。

第二，发放无息或低息贷款。联邦设立专门的"援助不发达地区基金"，即从各共和国的总产值中抽 1.97% 资金，以长期低息贷款形式提供给不发达地区。

第三，联邦从社会总产值中抽出 0.97% 的资金，作为无偿的补助经费，用于支援不发达民族地区的文化卫生建设。

第四，不发达民族地区在使用外国贷款方面享有优先和优惠的待遇。1970 年以前从世界银行得到的贷款中 33% 用于不发达地区，1976—1980 年期间这个比例达到 64%。

第五，鼓励不发达民族地区和发达民族地区联合办企业。

三是实行各民族充分平等原则。所有民族在决定国家重大事务、参与联邦领导机构、使用本民族语言和发展本民族文化等方面享有充分平等。各共和国和各自治省不论大小，都以同等名额的代表参加联邦领导机构。联邦主席团由 6 个共和国和 2 个自治省各自选出 1 人，共 8 人组成。这 8 名联邦主席团委员轮流担任联邦主席团主席（即国家元首），一年一轮换。联邦议会、南共联盟中央委员会均由各共和国（不分大小）以同等名额代表组成（自治省代表人数略少于共和国代表人数）。所有党和国家、政府、群众团体的第一把手均由各共和国和自治省的代表轮流担任。

四是实行自主原则，表现为各共和国和自治省有很大的自主权和独立性。自 1950 年实行工人自治制度后，联邦向共和国不断放权，使各共和国和自治省拥有除外交和国防外几乎所有的权力。1974 年通过的新宪法规定，各共和国具有"国家性"。规定在联邦议会中讨论涉及全南斯拉夫的重大问题时，实行"协商一致"原则。按照这一原则，只要有一个共和国投反对票，决议就不得通过，之后必须进行协商，直至取得一致。1963 年通过的联邦宪法规定塞尔维亚境内的 2 个区即科索沃和伏依伏丁那成为自治省。1974 年通过的联邦宪法进一步提高了 2 个自治省的地位，自治省在联邦领导机构中和各共和国"平起平坐"。

铁托的这种民族政策在巴尔干地区、乃至在世界上都是不多见的。这种政策与南斯拉夫王国资产阶级的民族压迫政策，有天壤之别。它使南斯

拉夫各族人民第一次感受到生活在兄弟团结与平等共处的环境中的幸福。从1945年到铁托去世这35年中，南斯拉夫战胜无数困难，顶住重重压力，共同建设南斯拉夫社会主义联邦国家，把战前欧洲最落后的国家之一，建设成中等发达的社会主义国家。南斯拉夫各族人民都为自己的生活水平不断提高而感到幸福，都为自己的国家在世界上的声誉不断提高而感到自豪。

但是这一民族政策并非完美无缺。铁托也并没有因推行这一民族政策而高枕无忧。在这一政策取得良好效果的同时，这一政策的负面作用也不断暴露出来。

早在50年代和60年初，当联邦的经济权尚未彻底下放时，各民族竞相向联邦争投资资金，力争在本民族地区建立大而全的企业。从70年代初各共和国拥有很大的权力后，便利用这种权力不惜损害别的民族地区的利益，以满足本民族地区的利益。

当共和国拥有几乎无限的权力时，联邦的调控能力就大大下降，当时流传着一个说法：废除了联邦的"国家主义"，却出现了"多中心的国家主义"。共和国之间搞割据和封锁，从而使南斯拉夫的统一市场变成8个市场。

联邦援助不发达地区基金和借来的外国贷款投入不发达地区，为的是使这些民族地区经济发展水平和人民生活水平不断提高，但效果很差，发达民族地区不满意，不发达民族地区不满足，到80年代初两地区的经济发展水平差距并没有缩小，还是7∶1。

发达地区无偿资助不发达地区发展文教事业和卫生事业的办法也带来一些问题。不发达地区往往不恰当地使用援助资金，如盲目扩建大学，致使其大学生人数与人口的比例是全南斯拉夫最高的，大批大学毕业生涌向发达地区，造成人才过剩。又如不发达地区用援助资金修建豪华文化体育设施。发达地区认为向不发达地区提供援助资金是把钱扔入无底洞。

民族充分平等政策是针对旧南斯拉夫资产阶级大塞尔维亚主义而制定的，有助于克服大民族霸权主义和提高弱小民族的地位，但执行起来却逐渐变成绝对平等。无论是 800 万人口的塞尔维亚还是 60 万人口的黑山，都派出同等名额的干部进入联邦领导机关，这种绝对平等包含着一定的不合理性。许多党政的要职，轮到某个共和国出人，就必须从该共和国产生，而不管该共和国在当时条件下能否找到最合适的人选。这种政策在实践中产生了一些消极后果。一是降低了联邦领导干部的质量，影响联邦领导机关的效能；二是使塞尔维亚人中有声望有能力的领导干部，因这一政策限制而不能出来担负要职，加剧了塞尔维亚同其他民族的对立情绪；三是联邦一把手一年一轮换的做法，形同"走马灯"，每位轮值主席都有明显"临时观点"，从而不能形成相对稳定的有权威的领导人。

为了体现各民族的平等和在决定关系到共同利益的重大问题时的民主协商，1974 年通过的南斯拉夫宪法规定，联邦议会在决定问题时，"如果议会中所有共和国的代表都投票赞成，则决定被认为通过。"换言之，只要有 1 个共和国或 1 个自治省的代表不赞成，则决定不能通过，也就是所谓共和国"否决权"。在决定被否决之后，各方要进行协商，直至取得一致。这种做法在 70 年代，当铁托绝对权威尚在，在南斯拉夫经济情况良好的条件下，能够发挥较好作用，也就是说，在决定重大问题时，能够发挥民主，不是以多数压倒少数。在贯彻"协商一致"初期，在协商过程中，各方都能作些妥协让步，一般情况下，很少发生行使"否决权"的情况，但到了 80 年代，在没有了铁托的情况下，在经济形势不好的情况下，各共和国利害冲突加剧，对本共和国不利的决定，就实行"否决权"，之后，按规定各方必须对被否决的决定进行民主协商，直至取得一致，但往往在涉及全国利益的许多重大问题上商而无果。

铁托为使塞尔维亚霸权主义的历史不再重演，为保证各民族充分平等，曾采取了一些限制塞尔维亚的措施。当时曾流传一种说法："弱塞强南"，意即只有削弱塞尔维亚，才能使南斯拉夫强大。1974 年通过的宪法把塞尔维亚境内的 2 个自治省（有 200 万人口的阿尔巴尼亚族聚居的科索沃自治省和有百万人口、匈牙利族和罗马尼亚族聚居、以南斯拉夫粮仓著称的伏依伏丁那自治省）提高到与 6 个共和国平起平坐的地位。这一措施

铁托传奇

的积极一面是让少数民族特别是科索沃的阿尔巴尼亚族享受民族平等,有利于民族团结,但其不良后果也突显出来。科索沃自治省和伏依伏丁那自治省面积加起来为3万多平方公里,占塞尔维亚共和国面积的1/3。它们形式上虽属塞尔维亚共和国管辖,但在塞尔维亚议会中也有"否决权"。塞尔维亚人对此十分不满,感到塞尔维亚遭"一分为三"切割了,铁托在世时,他们有意见不敢公开说,尖锐的矛盾暂时掩盖着。

## 四、不遗余力地维护民族团结,坚持不懈地同民族主义作斗争

从新南斯拉夫建立至铁托去世这35年中,南各民族关系总体是好的。特别是在战后重建和南苏冲突时期,各族人民精诚团结,齐心战胜困难。随着国家进入发展时期,民族矛盾逐渐显露出来,不时发生民族矛盾的政治事件。应对这些事件,铁托总是亲自过问,精心而又果断地处理,不遗余力地维护民族团结,坚决地同民族主义作斗争。

### 兰科维奇事件

1964年12月,铁托在南共联盟第八次代表大会上告诫全党:

"在我国社会主义的社会关系中存在着矛盾。这些矛盾首先是由于我们这个原不发达国家的蓬勃发展而产生的,而在一个多民族的国家里,这些矛盾尤为突出。因此,共产主义者要正视现存矛盾,尽可能解决好矛盾。"

铁托还说:

"在我们的各共和国或各民族地区,有时某人替所谓民族利益受到威胁表示担忧。这些人只看到我国经济政策各种措施对他们地区的消极后果。他们不善于全面地和客观地看待我国的整个经济发展。这些人常常赋予自己以某个民族的民族利益的自命不凡'保护者'之权力。

如果我们不希望在我们的道路上出现严重的困难,我们就应该睁大眼

睛看到民族关系中仍存在的问题。首先必须懂得，在我们当今条件下，官僚主义—本位主义的民族主义所具有的危险性和反革命性决不比'传统的'资产阶级民族主义的危险小。"

铁托还援引列宁的教导说：

"在这方面我们应该记住列宁的告诫：如果我们的每个人首先面向自己的地区，如果我们大家都努力'打扫自己房子'里的民族主义垃圾。那么反对民族主义现象的斗争就会是最有效的。"

尽管铁托对领导干部搞民族主义现象不断"敲打"，但是民族主义事件仍时有发生，而且问题发生在南斯拉夫高层领导。这就是1966年的兰科维奇事件。

兰科维奇是塞尔维亚族人，是铁托的最亲密战友之一，解放后曾是南斯拉夫二号人物，曾任联邦共和国副总统，主管国家安全部门。他的罪名是：反对经济改革和社会改革，在工作中搞独立王国，把国家安全机关置于党之上，严重破坏共盟的民族平等政策，进行民族沙文主义的宗派活动，利用国家安全机关的职权，结成反对自治制度的官僚主义帮派，对党和国家领导人包括对铁托进行窃听和跟踪。

1966年7月1日，铁托召开南共联盟中央全会，讨论兰科维奇问题。兰科维奇参加会议并讲了两次话。铁托在全会的开幕和闭幕会议上都讲了话，肯定了中央委员们在发言中表现出的原则性。铁托称兰科维奇为同志，并且说：我对他别无要求了。我认为他认识到他要负道义和政治责任，也认识到他今后要努力——他是能够做到的——协助我们来制止可能来自外部的敌人的种种图谋，防止把事件引向民族方面去，也就够了。他迄今是主要领导人之一，只要需要，他可以讲话，我要求他做到这一点。

铁托在会上强调"要防止可能发生的对中央全会的种种闲话、流言蜚语和民族主义倾向"，认为"只要我们做得对，我们就能够铲除所有那些甚至在共产主义者队伍内部都不断发生的民族主义倾向"。铁托特别要求塞尔维亚共盟带头执行这次中央全会的决定，并挫败"把我们的决定引向民族主义邪路上去的企图"。同时铁托也要求其他共和国共盟盟员保持警

惕，防止各种沙文主义分子和一切反对南斯拉夫制度的人在共盟队伍中制造混乱。

全会接受了兰科维奇辞去党内外一切职务的要求。会后兰科维奇被开除党籍，但保留他的军籍和人民英雄称号。兰科维奇没有受到刑事处罚，平静地在贝尔格莱德家中度过了晚年。

### 科索沃事件

1968年11月27日，塞尔维亚境内阿尔巴尼亚族聚居的科索沃自治省发生了民族主义骚乱。这一天是邻国阿尔巴尼亚共和国的国庆日前夕，在科索沃的好几个地方发生了有组织的游行示威。示威者主要是阿尔巴尼亚族的大、中学生。他们要求科索沃分离出去，与邻国阿尔巴尼亚合并，建立大阿尔巴尼亚，有人竟然挂起阿尔巴尼亚的国旗。示威者与警察发生冲突，造成示威者一死数十伤。铁托亲自处理，骚乱很快平息下来。

1969年3月，铁托在南共联盟第九次代表大会上作的报告中，谈到科索沃事件时说：

"最近一个时期，发生了阿尔巴尼亚族一小部分人群中政治敌人的民族破坏事件。这些肇事者的目标并非阿尔巴尼亚族的真正利益，而是破坏我们共同体及其在世界上的威望和危害我国的邻土完整。阿尔巴尼亚族的共产主义者和劳动人民坚决地清算了这些敌人。

早在战前的南斯拉夫年代，科索沃的状况就非常困难：经济和社会不发达，民族矛盾尖锐。新南斯拉夫从一开始就顽强地工作，以克服这些遗留下来的困难，关心科索沃的发展。无疑，在科索沃已进行了许多建设并取得了巨大成果，对此我们不应低估。但同时，我们也应该自我批评地回顾一下并自问：过去我们是否犯过错误？确实，曾经犯过错误，尤其是在南共联盟中央第四次全体会议以前。当时南共联盟中央坚决地谴责了教条主义分子，这些教条主义分子从某种意义上说在科索沃实行垄断。他们无视阿尔巴尼亚族人民的利益，独断专行，搞不负责任的官僚主义行为。今天我们还感觉到它的后果，但我们努力尽早消除这些东西……

至于已谈论得相当多的旗帜问题（指1968年科索沃发生骚乱时，有人悬挂邻国阿尔巴尼亚共和国的国旗——作者注），我国的阿尔巴尼亚族人应该有旗帜，但无论如何这个旗帜应该符合南斯拉夫的国家主权和领土完整，对此应该制定明确的条文。"

**斯洛文尼亚"公路事件"**

1969年8月，发生了所谓"公路事件"。斯洛文尼亚共和国政府总理卡夫契奇公开指责联邦政府，在为偿还建设南斯拉夫公路的外国贷款分摊份额问题上，损害了斯洛文尼亚的民族利益，并公开要求联邦政府下台。斯洛文尼亚总理的这一行动不是偶然的，是斯洛文尼亚民族中普遍存在的"斯洛文尼亚吃亏论"的反映。铁托对斯洛文尼亚领导的民族主义情绪进行了严厉批评。斯洛文尼亚总理被迫下台。

**克罗地亚事件**

1970年，发生了克罗地亚民族主义事件。1969年底，克罗地亚共盟提出一项关于对联邦进行激进的社会改革的倡议。其中指出，国家中央集权制已成发展自治的主要障碍，并扼杀了民族的"主动精神和地位"。在南斯拉夫社会发展中应考虑民族特点，应肯定民族的发展。这一倡议引起了全南斯拉夫强烈反响。倡议矛头隐晦地指向联邦机关和铁托。意思是说南斯拉夫虽然实行了自治制度，但大权还是集中在中央和铁托手中。所以有人认为，倡议者是从民族利己主义出发，威胁到国家的统一。当时的"克罗地亚文化协会"成了宣扬民族主义的阵地。文化协会在自己出版的刊物中公然称"南斯拉夫是克罗地亚的监狱，克罗地亚经济被掠夺"，"克罗地亚赚取的外汇绝大部分被联邦拿走了"等等。克罗地亚民族主义者、反共产主义者都跳了出来，要求克罗地亚成为"真正的主权国家"，要求克罗地亚拥有自己的军队，使用自己的货币，派出自己的外交代表，要求加入联合国。在民族主义分子的煽动下，大学生举行罢课。时任克罗地亚的领导人，态度暧昧，放任纵容。铁托亲自到克罗地亚处理，认定这是一

起"反革命事件"。1970年12月，铁托召开南共联盟中央主席团会议，对克罗地亚领导人进行了严肃批评。克罗地亚主要领导人受到撤职和开除党籍的处分。与此事件有牵连的干部达数百人，也受到不同的处分，某些首要破坏分子被判刑。

在果断地处理这些民族主义事件的同时，铁托总是利用各种场合谆谆教导人民和共盟盟员要珍惜民族团结，维护民族团结，要大力营造民族和睦的氛围。铁托在一次共盟代表会议上甚至苦口婆心地说："是的，我们也多次吵过架。一家人，一个家庭里也吵架，事后还不是又共同生活下去。将来也是如此。"

## 五、铁托的"妙方"无法化解民族间的矛盾

到了上世纪70年代初，铁托已年近八旬，铁托接班人的问题渐渐引起国内外关注。铁托曾指出，"曾有许多外国人说，一旦我离开人间，南斯拉夫就会跨台。""在国内在由谁来接替我的问题上有人搞了许多名堂。"一个公认的现实是，铁托之后没有人能够像他那样以绝对权威来驾驭这个多民族共同体。很明显，任何一个民族都只会拥戴本民族的人物来接班，而不会接受别的民族提出的接班人选。因此，铁托在1970年9月在萨格勒布市政治积极分子大会上明确指出，在他在世时应该把执行国家事务的职责扩大到对国家负责的集体机构上，而在他离世后，集体的主席团则是南斯拉夫的唯一解决办法，铁托强调，这是南"唯一的出路"。

按照铁托的意见，1971年建立了联邦主席团作为国家集体元首的机构。联邦主席团由6个共和国和2个自治省各选出一人共8人组成。主席团主席由这8人轮流担任，一年一轮换。铁托在世时，作为终身总统仍然履行其固有的总统职权。铁托去世后，整个联邦主席团就是国家总统。每年轮值的主席团主席某种意义上是主席团的召集人，但对内对外享有总统的身份。

铁托去世后，联邦主席团立即开始运转，并且运转了几年。但随着民

族矛盾不断激化，这一机构愈来愈显得无能为力，无所作为。

随着南斯拉夫的政治和经济危机不断加剧，民族矛盾也不断激化。联邦政府为克服经济困难制定了稳定经济长期纲领，但各共和国从自身利益出发，对本民族不利的就拒不执行，致使公认很好的稳定经济纲领付诸东流。经济越困难，各民族争利之风就越盛行。

铁托在世时，决不允许党沾染民族主义，要求共和国一级党的领导机构必须坚决服从上级即南共联盟中央。铁托去世后，南共联盟也搞民族主义。开中央全会时，中央委员按民族区分就坐，形成"方阵"。上台发言者互相责骂对方搞民族主义，旧恨新仇齐发泄，老账新账一起算。不满发言者的"方阵"不断起哄，甚至整个"方阵"以退场来表示抗议。有的民族领导人为本民族争利并公开攻击别的民族领导人，就被本民族捧为"英雄"，反之则受到攻击，甚至要求其辞职。

在错综复杂的民族矛盾冲突中，围绕塞尔维亚修宪问题，斗争最为激烈。

1963年通过的联邦宪法规定，在塞尔维亚境内建立2个自治省。为了使少数民族平等地位更好地得到体现，1974年通过的联邦宪法又进一步提高了2个自治省地位。铁托在世时塞尔维亚不敢反对。铁托去世后，问题就出来了。

1987年，在塞尔维亚共盟八中全会上，以塞尔维亚总统米洛舍维奇为代表的主张收回自治省权力的"强硬派"，战胜了以斯坦鲍利奇为代表的"温和派"。身为塞尔维亚党政一把手的米洛塞维奇宣称，1974年的联邦宪法把塞尔维亚分割成三部分，塞尔维亚的重大决策只要1个自治省不赞成就通不过，致使塞尔维亚丧失主权，与其他共和国处于不平等地位。因此，米洛舍维奇决心修改宪法，收回科索沃和伏依伏丁那2个自治省的权力，恢复塞尔维亚原有的地位。2个自治省为维护既得权力，反对米洛舍维奇的修宪主张。其他共和国不愿看到塞尔维亚强大，也都支持2个自治省，反对米洛舍维奇的主张。

为了消除2个自治省的阻力，米洛舍维奇首先发动科索沃的塞尔维亚

族群众，浩浩荡荡长途跋涉，前往伏依伏丁那自治省省府诺维萨特举行集会，用"群众运动"的方式压伏依伏丁那自治省领导人支持修改塞尔维亚宪法，改变自治省地位，点名要求伏依伏丁那省领导人下台。在伏依伏丁那自治省领导人不予置理后，米洛舍维奇又发动塞尔维亚各地群众集会，会上高呼米洛舍维奇万岁，点名要求伏依伏丁那自治省领导人下台。在强大的压力下，伏依伏丁那省领导下了台，换上了支持米洛舍维奇的人。

但阿尔巴尼亚族人占绝对多数的科索沃自治省则不然。科索沃原阿族领导人曾对修改宪法进行抵制，并得到几乎所有阿尔巴尼亚族的人支持。在米洛舍维奇高压下，原阿尔巴尼亚族领导被迫辞职，换上了支持塞尔维亚的阿族领导。但科索沃出现了大骚乱：阿尔巴尼亚族的学生、工人举行示威游行，罢工、罢课遍及科索沃。一些矿工开展井下斗争，声称不满足恢复被撤职的阿尔巴尼亚族领导人职务的要求，决不出井。

塞尔维亚族人在贝尔格莱德举行百万人集会，谴责阿尔巴尼亚族人的分裂主义，声援在科索沃受阿尔巴亚族打击、排挤的塞尔维亚族人。米洛舍维奇亲临大会并作煽动性极强的讲话。塞尔维亚共和国各地也纷纷举行抗议集会。应对科索沃民族冲突而引发的动乱，联邦军队出动了坦克，实行镇压。最终，塞尔维亚议会还是强行通过了收回2个自治省权力的宪法修正案，改变了自治省的地位。

由于斯洛文尼亚族同情并支持科索沃的阿尔巴尼亚族，科索沃的塞尔维亚族人宣布，将组织数万人"进军"斯洛文尼亚首府卢布尔雅那，举行集会，向斯洛文尼亚人民"介绍"科索沃的塞尔维亚族人受科索沃的阿尔巴尼亚族人迫害的真相。为防止这种集会引起民族冲突和动乱，也为了制止塞尔维亚族人的这种盛气凌人的行为，斯洛文尼亚共和国内务部宣布将阻止这些塞尔维亚人进入斯洛文尼亚举行集会，并宣布卢布尔雅那一些地区实行戒严。"进军集会"受阻后，塞尔维亚族方面怒不可遏。为此，塞尔维亚共和国社会主义联盟号召塞尔维亚共和国的所有经济组织和工厂企业断绝与斯洛文尼亚的一切联系。塞尔维亚和斯洛文尼亚的民族关系走到绝境。

1990年间，斯洛文尼亚、克罗地亚、马其顿先后宣告独立，并进行了多党选举。此间在南共联盟第十四次非常代表大会上由于克罗地亚共盟代表团和斯洛文尼亚共盟代表团宣布退出代表大会，南共联盟这个执政党，从此自动解体消亡。

波黑共和国的民族危机，导致最为惨烈的后果。波黑曾于1991年和其他共和国一样举行了以多党制为基础的选举，波黑的选举结果是：代表穆斯林族的民主行动党和代表塞尔维亚族的塞尔维亚民主党以及代表克罗地亚族的克罗地亚民主共同体在大选中获胜。原执政的波黑共盟被排除出政治舞台，大选获胜的三个政党联合执政。三党联合执政后，就在南斯拉夫的前途、波黑的未来等重大问题上立场对立。塞尔维亚民主党坚决反对波黑脱离南斯拉夫而独立（此时塞尔维亚和黑山仍宣称自己是南斯拉夫联邦国家），声称如果波黑宣告独立，占波黑1/3约150万塞尔维亚族将脱离波黑而独立，并将与塞尔维亚共和国合并。穆斯林族的民主行动党和克罗地亚族的民主共同体则主张波黑独立。1992年4月，当西方国家宣布承认波黑独立时，波黑的塞尔维亚族立即宣布成立"塞尔维亚波黑共和国"，独立于波黑之外，仍然留在南斯拉夫，由此爆发了武装冲突。

交战双方的武装力量是：

一方是波黑穆斯林族和克罗地亚族本身的武装力量约有17万人，克罗地亚共和国派进的部队有3万人，克罗地亚右翼政党权利党派进的仿效纳粹党卫军组建的准军事部队3万人以及克罗地亚招募的少量雇佣军；

另一方是波黑塞尔维亚族本身的武装力量约5万人，塞尔维亚共和国和其他地区塞尔维亚人组成的"塞尔维亚志愿军"约10万人，南斯拉夫军队驻扎在波黑的部队（仅剩塞尔维亚族士兵，其他民族的士兵都离开了）约10万人。

上述约50万不同民族、不同宗教信仰、不同政见的武装力量，展开了一场大混战。

在持续两年之久的这场三个民族惨烈厮杀中，数十万人员伤亡，数以百万计的老百姓遭殃，建设了几十年、已有相当大发展的波黑地区遭到严

铁托传奇

重破坏。

　　铁托为南斯拉夫各民族的平等和共同繁荣而呕心沥血、鞠躬尽瘁,希望他们世代和睦相处,但事与铁托愿违,南斯拉夫最终还是解体了。原南斯拉夫6个共和国都成为独立的国家后,相互间保持着正常的睦邻关系。

# 国际关系篇

——坚持独立自主的外交政策,创导不结盟运动,反对一切形式的统治和霸权主义,维护世界和平

# 一、战后南斯拉夫对外关系经历几个大转变

**从向苏联一边倒，到向西方国家开放**

战后初期，南斯拉夫对外关系的重心，是同苏联和东欧各国建立友好的密切的关系，同时也重视同西方主要国家建立正常的外交关系。

南斯拉夫共产党是共产国际成员，取得政权后建立的是社会主义国家，因而它同世界上第一个社会主义国家苏联及东欧社会主义国家建立亲密的可谓同志加兄弟的关系，是顺理成章的事。早在南斯拉夫全国尚未彻底解放的时候，即 1945 年 4 月间，铁托就访问了苏联，新南斯拉夫与苏联签订了有效期为 20 年的《南苏友好互助和战后合作条约》。1946 年 5 月，铁托再次访问苏联，同斯大林商谈苏联援助南斯拉夫的事宜。铁托和南斯拉夫人民把这一条约和各项协定，看成是新南斯拉夫最重要的外交成果，看成是南斯拉夫安全和发展的重要保障。

尽管匈牙利和保加利亚的旧政权曾与德国、意大利结盟，参与反对南斯拉夫游击队的战争，但战后新南斯拉夫都与这些由共产党领导的社会主义国家建立了友好关系。南斯拉夫主动放弃了保加利亚的 2500 万美元赔款。南斯拉夫同东欧各国都进行了领导人的互访，签订了贸易、经济合作协定。

英美西方国家虽曾赞赏铁托领导南斯拉夫游击队在反法西斯战争中的英勇行为和作出的巨大贡献，并在战争后期给予物质援助，但他们希望看到的是战后南斯拉夫恢复王朝政权，而不希望看到共产党政权的诞生。1945 年 4—5 月间，南斯拉夫人民解放军解放了包括北部与意大利比邻的港口的里亚斯特市的全国领土后，英美以最后通牒方式要求南斯拉夫军队撤出的里亚斯特市，苏联随后也要求南斯拉夫这样做。后经协商达成协议，把的里亚斯特市划成两个区，A 区由英、美军队占领，B 区由南斯拉夫军队驻守。最后，英、美、法要求南斯拉夫撤出 B 区，把整个的里亚斯

特市归并意大利。战后西方国家对南斯拉夫还采取其他一些不友好举动，如美国拒绝归还战前南斯拉夫存放在美国的约值7000万美元的黄金。铁托曾向西方国家表示，希望同英、美在战后的关系，也能像在战争时期那样巩固，希望这种关系会更加真诚。

1948年，南斯拉夫遭苏联在政治上、经济上和军事上的"围剿"和封杀后，新南斯拉夫唯一一条生路，就是向西方开放，寻求新的贸易伙伴，寻求西方大国的贷款和援助。英、美等西方主要国家对南苏冲突喜出望外，乐于接受南斯拉夫的要求，迅速地加强了同南斯拉夫的关系，积极提供经济援助和贷款，从1949年起，英国首先向南斯拉夫提供贷款。1950年美国政府无偿提供了价值9500万美元的粮食援助。1951年秋美南签订了军事援助的协议。1950—1954年，美、英、法提供了4亿多美元的援助。

铁托和南斯拉夫政府曾表示，南斯拉夫从美国得到的经济和军事援助，在很大程度上帮助南斯拉夫克服遇到的经济困难，尽管美国援助只占南斯拉夫国民收入的4%。

**从仅仅向西方开放到向世界全方位开放**

到了上世纪50年代中期，南斯拉夫的对外关系又发生了巨大转变。这时期南斯拉夫不仅向西方开放，而且向东方开放，同时也同广大发展中国家进行全面来往，形成了全方位外交的大好局面。

1953年斯大林去世后，苏联主动向南斯拉夫表示改善关系的愿望。1955年5月，赫鲁晓夫率团访问南斯拉夫，签署了《贝尔格莱德宣言》，强调两国关系应建立在尊重主权、独立、平等和领土完整的原则上，两国关系的指导原则是和平共处和互不以任何理由干涉别国内政。1956年6月，铁托访问苏联，签署了《莫斯科声明》，强调各党关系应是平等的、开诚布公的和民主的。接着双方恢复了断绝8年之久的两国贸易关系，签订了长期贷款和投资协定、科技合作协定等。同东欧各社会主义国家也恢复了正常的关系。

由于南苏关系的恢复以及其他一些原因，南斯拉夫同西方主要国家的关系曾一度冷淡。后来是美国率先打破这种状况，1963 年，美国总统尼克松邀请铁托访问美国。1971 年、1978 年铁托两次访问美国。美总统福特于 1975 年访问南斯拉夫。两国首脑的互访推动了南美两国关系的全面发展，美国成了南斯拉夫的最大的合作伙伴。

南斯拉夫同西方其他国家的经济技术合作也有了很大发展。每年签订的经济合同多达 1000 多项。南斯拉夫与欧洲经济共同体也建立了直接的外交关系，并成立了经济贸易混合委员会。

南斯拉夫同广大发展中国家的各种联系也大大发展了。

在这个时期里，铁托相继访问了英国、土耳其、希腊、印度、缅甸、埃塞俄比亚、埃及、法国、苏联和罗马尼亚等国家。这一系列访问，打破了集团分割的理念，既访问了属于集团的国家，也访问了不属于集团的国家。

全方位开放政策结出了硕果：铁托和南斯拉夫的国际声望大大提高了，南斯拉夫经济上得到极大的益处，从而也促进南斯拉夫经济的发展、社会的安定和民族的团结。

## 二、南斯拉夫的外交政策和外交活动

第一，独立自主原则是南斯拉夫外交政策的精髓。（铁托语）

在前面讲到的南斯拉夫对外关系的几个大转变中，南斯拉夫无论向哪一方开放，都坚持独立自主这一神圣原则。南斯拉夫接受美国的援助时注意掌握分寸（仅占国民收入的 4%），到 1951 年下半年，南斯拉夫主动提出停止接受美国的援助。1951 年 8 月 11 日，铁托就结束美国对南斯拉夫援助一事发表了一份很有礼貌又很有骨气的声明。铁托说：

"我想借此机会向美国政府和美国人民表示我的谢意，感谢他们在我们最需要的时候向我们提供了援助。我国人民高度评价美国政府和美国人民对我国这一友好的表示和行动……

借此机会，我还想说，我不同意西方某些报纸的观点，它们写道：向南斯拉夫提供经济援助是值得的冒险。在西方报刊上这种说法不是普遍的，但这对我国人民和美国人民来说，都是侮辱性的事情。

我之所以赞赏所得到的援助，尤其是因为美国政府并没有把援助同政治或其他性质的某种条件联系起来。如果那样做，势必会损害我国人民的尊严和威望，同样也会损害美国人民的尊严和威望。我认为这正是我国和美国之间进行更紧密合作的最正确的途径。

我还想补充一点。不仅我国领导人而且我国人民都希望尽可能少地寻求外援，因为在这种援助中包含别国人民的劳动。我们希望尽最大可能自力更生。就是说，我们为了不必寻求外援而竭尽全力，我们不愿意靠别人生活。一旦有了较多资金，我们也会帮助别人。"

在独立自主问题上，铁托还曾郑重地表明自己的坚定立场：

"南斯拉夫必须依靠自己，决不允许使自己成为任何国家外交政策的附属品。如果南斯拉夫要维护自己的独立，维护自己建设的国家和新的社会制度，我们就不能允许别人干涉我们的内政。

各国人民有自己管理自己的权利，给经济不发达国家的经济援助不能附加足以损害需要这种援助的国家的独立和主权的条件。"

第二，坚决反对帝国主义、霸权主义，无情地揭露集团分割给世界和平带来的危险。

1958年，铁托在南共联盟第七次代表大会上说：

"使人力物力遭受巨大损失的人类历史上最可怕的战争结束至今已13年了，但是现在仍然没有迹象说明今天的某些负责的人士已从这个大悲剧中吸取了教训。而且，尽管第二次世界大战的悲剧造成的千百万坟墓犹新，尽管血迹未干，但却又在重新流血，开始了新的破坏……某些人想继续推行暴力和破坏的老一套做法，去反对那些不要求别的、只要求做自己的主人的人民。在某些人的头脑中有一种思想占上风，即只有实力和军备优势才能解决各种争端，只有这样他们才能达到自己的目的。这种观点导致空前的军备竞赛，使用新的大规模毁灭性武器，特别是原子武器和氢武器。有人力图不是把人类智慧的最大成果用来增进幸福和繁荣,而是把人类推向难以想象的灾难……

北大西洋公约成员国为加强自己的战略和军事技术的地位,日益加紧采取各种手段。在欧洲、亚洲和非洲以最快的速度建立战略军事基地。在某些国家如英国,载有原子弹和氢弹的轰炸机不断在空中飞行。就这样在苏联和其他东方国家周围建立战略军事包围圈。最近又决定用原子武器武装西德国防军,这两个决定使欧洲局势大大恶化。这是新战争冲突的严重危险。"

1969年,铁托在南共联盟第八次代表大会上说:

"世界还面临着在国际关系中加紧诉诸武力的现象。这一危险做法的表现形式是施加种种压力,直接干涉别国内政,武装干涉和所谓局部战争。帝国主义势力和霸权主义势力企图阻止人民争取独立和自由发展的合法要求的实现,企图维护自己的阵地和扩大自己的统治范围。

和平和进步的政策不能建立在划分世界的基础之上,不能把绝大多数国家排除在解决涉及它们切身利益的国际问题之外。"

第三,倡导并力主积极和平共处。

1955年,铁托提出"积极和平共处"的主张。在各种国际会议上,在同各国交往中,铁托积极宣传共处政策。

铁托认为:

"积极共处政策就是要致力于使所有国际问题,包括那些最复杂的最尖锐的问题以及引起国际紧张局势的根源,都通过和平的方法和谈判的方式加以解决。

共处政策要求通过积极的国际会议,来消除形势紧张的根源。共处政策承认这样的现实,即世界上存在着社会制度和政治制度的差异,存在着各种不同的意识形态。共处政策不允许让这种差异成为国际上不和的原因。共处政策的出发点是:一国的社会制度和政治制度是其内部发展的结果。共处政策还包含着尊重各国自由和独立的内部发展的权利。因此,共处政策是基于尊重主权、独立、禁止干涉他国内政基础上的。共处政策要

求国际关系中的平等，因为一个大家庭中的成员只有平等，才能长期地和平地和积极地相处。

我们同西方大国的关系以及和苏联及东欧国家的关系正常化以及我们拒绝参加任何军事集团或意识形态集团，我们为促进联合国的加强及其在国际事务中发挥更大作用而作出的一切努力，都使我们受到一个坚定信念的鼓舞，即相信不同制度国家的共处是可能的，也是必需的，除了共处，别无选择，因为我们相信，相互消灭肯定不是一种选择。

列宁在伟大十月革命后的最初几年，当国外有人企图用干涉来扼杀这一革命时，在各种场合下都谈到新的工农国家和资本主义国家和平合作的必要性和可能性。当然列宁首先是指经济合作，而不是向资本主义作有损于革命成果的妥协。

几年前，当我们在严重的冷战高潮中谈到和平与积极共处时，我们国内，更不用说国外，很少有人懂得共处原则在发展现阶段的全部意义，而今天共处一词已成为一种概念，并成了国际外交的用语。

共处的前提是以和平的方式解决一切争端，宣布武力和战争是非法的。这不是暂时的平静，也不是在平静时期耍弄谁比谁更狡猾的一种手法。它意味着在当今时代的国际关系中应占统治地位的更为持久的标准和原则。

目前在世界上最重要的是，寻求一条能摆脱这种仍然非常危险的、威胁和平并迫使人类为其命运担忧的国际局势的出路。除了放弃国际关系中现有的观念和实践，除了接受积极共处原则而不搞阴谋诡计，我看不到有别的出路。"

第四，大力支持联合国发挥更大的作用。

铁托说过：

"在战后的紧张国际关系中，只有通过联合国才有可能使紧张关系有某种程度的缓和，才有可能减少世界上发生冲突的危险，才有可能解决和减少国际争端。"

铁托在谴责西方某些集团破坏联合国作用的行径时说：

"成立联合国是为了便于更正确地和平解决国际争端。可是一些大国力图把联合国变成推行自己政策的工具,从而严重地破坏这个世界组织的声誉,使它的效率越来越低。今天爱好和平的世界不允许让自己的命运通过外交把戏来解决,而希望亲自参加,发表自己的意见,所以联合国是世界人民的切身需要。必须加强这个组织,使它按联合国宪章原则正确地发挥有利于和平和世界各国人民的作用。"

在过去的时期里,南斯拉夫一直在联合国中积极开展工作,为实现联合国的普遍原则而作出不懈的努力。南斯拉夫曾和一些会员国一道积极参加筹建联合国向不发达国家提供援助的基金组织的工作,曾积极参加争取裁军、禁止核试验和反对把核武器用于战争目的的各种企图的斗争。

## 三、铁托与不结盟运动

### 铁托创立不结盟运动的思想渊源

早在1948年同苏联发生冲突并向西方开放的过程中,铁托就深刻体会到集团划分的危害,从而产生决不参加集团的不结盟思想以及各国不论大小都应平等进行对话,在平等基础上作出决定的主张。

1955年4月,当万隆亚非会议结束时,铁托在贝尔格莱德电台发表谈话。铁托说:"第一次亚洲会议的结果使我喜出望外,未料到会上会讨论这么多问题,而且在大部分问题上都取得了一致意见。参加会议的亚非国家的数量和亚非国家对这次会议的巨大兴趣都表明已经发生了历史性转折,即这两大洲的各国人民决心尽最大的可能来决定自己的命运。这些成果还可以使所有主张和平和国际合作的朋友产生新的希望和信念,相信今天世界上的和平阵线是反对新战争和争取国际合作的强大因素。我们南斯拉夫人感到特别高兴,因为这次会议上的主导思想完全符合我们的思想。"

1972年,铁托在80寿辰之际,向贝尔格莱德电台记者发表谈话,在谈到不结盟运动的起始时说:"就我个人而言,我是在万隆会议通过潘查

希拉决议之后产生了不结盟思想的。我考虑了很多,我感到这还不够,因为它只是一项宣言性的东西。我们在这方面一定要再前进一步。我不仅看到亚非国家,而且更广些……总之,我再三考虑,我们应该集结第三世界。"

**不结盟运动的诞生**

在 50 年代中期,当铁托出访包括参加阵营和不参加阵营的一系列不同政治制度的国家时,就为建立不结盟运动与有关国家交换过意见。1954 年 12 月,铁托访问印度,在印度国会作演讲时说:

"世界上有人把南斯拉夫同印度和缅甸的接近,以及我们到这里来访问,看成是建立某种第三集团的企图,这种猜测是多么错误。这些人看到的只是集团和势力范围的世界。我们如此坚决地反对集团划分,却说我们希望建立什么第三集团,这样想难道不是荒谬至极吗?的确,我们希望有更多的国家和人民把保卫和平放在高于一切的位置,为平等关系、为各国人民之间的和平合作、为社会制度不同的国家之间积极共处而斗争。但是我们不是通过建立某种第三集团来实现这一点,而是通过积极的合作,反对世界上的消极现象,这些消极现象一直像达摩克利斯的利剑一样常常悬挂在人类的头顶上,使人类遭毁灭的危险。"

1956 年 7 月,铁托邀请埃及总统纳赛尔和印度总统尼赫鲁到南斯拉夫亚得里亚海滨岛屿——布里俄尼岛度假。在三位领导人会晤中,产生了"不与集团结盟"的思想和主张。三位领导人就团结一切非集团国家开始行动的原则达成了协议,并签署了一项声明,表示要团结一切非集团的国家为积极和平共处而奋斗。

1960 年第十四届联合国大会期间,铁托、纳赛尔、尼赫鲁、苏加诺、恩克鲁玛举行会晤,提出了召开不结盟国家首脑会议的倡议。1961 年初,先在开罗举行了不结盟国家首脑会议的预备会议,商定于 1961 年 9 月在南斯拉夫首都贝尔格莱德正式召开第一次不结盟国家首脑会议。

会议前夕,铁托在一次公开场合谈到即将召开的不结盟国家首脑会议时说：

"不结盟国家首脑会议的目的是：竭尽全力阻止最坏的事情发生，并讨论如何摆脱目前的僵局，促进各种国际问题的解决。当前大国力图在没有小国和不结盟国家参与下在联合国之外独自解决威胁世界和平的重大问题，这是徒劳的。"

1961年9月1—6日，第一次不结盟国家首脑会议在南斯拉夫首都贝尔格莱德隆重举行。有25个国家首脑以成员国身份与会，另有3个国家以观察国身份与会。

铁托以首脑会议主席身份主持会议，他在致词中说："我们聚会一堂，是为了联合我们的力量，共同努力帮助世界消除面临的危险，动员所有道义力量来维护世界和平。"

铁托还说："很久以来，我们曾幻想各大国最负责的政治家将寻求一条道路来解决我将要谈到的那些问题。我们抱这种幻想也许是错了。有人认为，小国、特别是不结盟国家没有资格作出更大努力来解决国际问题，而认为这只是大国的事情，这种看法也许同样是错误的。"

与会的各国首脑都在会上发了言。会议最后通过的《声明》指出，人类面临战争危险，要求停止军备竞赛，呼吁世界和平，要求彻底根除新老殖民主义和帝国主义的统治，努力消除殖民主义和帝国主义遗留下的经济不平等，指出各国社会制度不同不应是维护和平的障碍。《声明》明确表示，会议参加国不会组成新的集团，真诚希望与各国加强合作。

第一次不结盟国家首脑会议的成功召开，在世界上产生了巨大反响，对世界上不参加集团的国家，特别是发展中国家是极大的鼓舞。不结盟运动迅速壮大，1979年会员国从最初的28个国家发展到100多个国家。2001年会员国增至115个，另有17个国家作为观察员参加。

## 不结盟运动的宗旨和主张

不结盟运动是在上世纪60年代大批亚非拉国家摆脱殖民统治获得民族独立以及美苏两集团对峙的背景下诞生的。所以不结盟运动一开始就主

张争取和维护民族独立，反对一切形式的统治和霸权主义，强调这是不结盟政策的实质，要求全面、彻底禁止核武器和其他毁灭性武器，反对集团划分，呼吁解散军事联盟，和平解决国际争端，要求各国包括小国平等参与国际事务。从 70 年代起，不结盟运动侧重推动建立国际经济新秩序，主张消除经济发展不平衡状态，强调经济发展是整个国际社会的一项任务。冷战结束后，不结盟运动除继续关注和平和发展两大问题外，积极参与有关联合国改革和人权领域的活动，倡导建立和平、公正、平等、民主的国际新秩序，并致力于加强不结盟运动内部的团结。

**不结盟运动的主要活动形式**

不结盟运动不设总部和常设机构，无成文章程条例。

不结盟国家首脑会议。这是不结盟国家最重要的活动形式，不定期召开，一般每三年一次，在不同国家轮流召开。首脑会议的东道国总统任首脑会议主席，直到下次首脑会议召开前一直担任不结盟运动主席。至 2009 年，首脑会议共开过 15 次，每次首脑会议都通过《政治宣言》《经济宣言》或呼吁书、决议之类的文件，重申不结盟的宗旨和主张，阐明对国际形势和重大国际问题的立场。

不结盟国家协调局。1973 年 9 月在阿尔及尔召开的第四次不结盟国家首脑会议上决定成立协调局。最初有 17 个成员国，到了 1983 年增加到 74 个成员国。协调局负责协调不结盟运动成员国之间的日常工作，通常每年举行一次大使级会议。

外长会议。其任务是落实上次首脑会议的任务，准备下次首脑会议的工作。

在铁托和几位不结盟运动创始人的努力推动下，广大不结盟的中小国家联合起来，积极参加国际事务，反对集团划分与对峙，反对大国摆布世界，呼吁世界和平，从而使不结盟运动成为当代世界进程中一支重要的、有巨大影响的政治和道义力量。

**铁托在不结盟运动中和国际舞台上开展积极活动和发挥重大作用**

铁托倾全部心血于不结盟运动。他作为不结盟运动创始人之一,积极推动不结盟国家平等参与解决国际问题。铁托反复强调,哪里的和平或独立受到威胁,不结盟国家就应在哪里进行活动;不结盟国家应更加面向当代的关键问题,因为这些问题的正确解决与人类的大多数有着长远的和切身的利害关系;虽然不结盟国家都没有强大的军事实力,也没有巨大的经济潜力,但它们联合起来,就是当前国际进程中一支重要的、具有巨大影响的政治和道义的力量。

铁托是这么说的,也是这么做的。仅举两例说明。

1965年3月8日,美军在越南岘港登陆。3月18日,铁托召集15个不结盟国家驻南斯拉夫的使节在贝尔格莱德开会,将南斯拉夫起草的不结盟国家关于越南局势的呼吁书,请各国大使转交其国家元首。4月1日,这些不结盟国家分别向美、中、法、苏、英、加、北越和南越及联合国秘书长递交了这份呼吁书。呼吁书指出,越南局势是外国军事干预引起的后果,深信结束越南冲突的唯一途径是通过谈判谋求和平解决。

1976年6月14日,在第五次不结盟首脑科伦坡会议上,通过了关于巴勒斯坦和中东问题的决议。决议重申巴勒斯坦人民为争取民族权利同殖民主义、犹太复国主义和种族主义斗争的合法性,谴责以色列的种族歧视、扩张主义和恐怖主义,揭露美国给以色列军事、经济、政治和道义的支持是鼓励以色列奉行侵略政策的罪行。首脑会议决定成立一个由不结盟国家组成的专门委员会,帮助阿拉伯地区寻找实际解决办法。

铁托始终十分关注这个上百个国家参加的不结盟运动的团结和统一。1979年9月,在古巴哈瓦那举行的不结盟国家第六次首脑会议上发生了一场维护与破坏不结盟运动团结与统一的激烈斗争。

铁托作为不结盟运动创始人为筹备这次首脑会议做了大量工作。为了开好会,他接连地出访了8个国家,接待了许多到访的国家领导人。他亲自挂帅组成了南斯拉夫筹办首脑会议的协调委员会。他亲自率团飞渡重洋前往哈瓦那赴会。会上东道主在开幕词中大谈同苏联保持密切关系的重要

性，把不结盟运动的宗旨抛到一边。东道主不提维护不结盟运动的团结，而竭力将自己的意志强加给与会国家。这一行为使100多个不结盟国家的盛会遇到了严重挑战。为此，铁托为了维护不结盟运动的宗旨和团结，分别会见了30多个国家的元首，做了大量工作，并在会上作了重要发言，强调指出，"我们从一开始就坚持反对集团政策和外国统治，反对一切形式的政治和经济霸权，主张每一个国家拥有自由、独立和自主发展的权利。我们从来不同意充当任何人的橡皮图章或后备军，因为这同不结盟政策的实质是不相容的。"铁托还说，"加强不结盟运动的团结、统一和行动能力，是我们的长远利益所在和我们的战略目标。"铁托义正辞严的讲话受到了大多数与会者的赞赏和欢迎。会议通过了一项维护不结盟运动的基本原则和团结一致的宣言。最后大会还通过了一项对铁托表示特别感谢的决议。

9月10日，当铁托率领的南斯拉夫代表团从哈瓦那回到贝尔格莱德时，首都60多万人列队在从机场到总统官邸长达20公里的路旁，热烈欢迎铁托胜利归来，感谢他勇敢地、顽强地捍卫了不结盟运动的团结。风尘仆仆的铁托在机场上发表了讲话，介绍了哈瓦那会议的成果。这一天，南斯拉夫全国民众围坐在电视机前观看机场上的盛况，感受到南斯拉夫外交成就带来的喜悦。

87岁高龄的铁托由于长途旅行和高度操劳，从哈瓦那回贝尔格莱德后身感不适住进医院，虽然得到精心治疗，但病情仍逐渐恶化，于1980年5月4日不幸逝世。完全可以说，铁托为了不结盟运动的事业而鞠躬尽瘁。不结盟国家不仅把铁托看成是不结盟运动的创始人，而且把铁托看成不结盟运动的精神支柱、主心骨。铁托的去世，对不结盟运动事业是一个重大的、不可弥补的损失。

## 与中国关系篇

——有过相似的历史遭遇和一样的英勇斗争,也有过阴雨绵绵的相互关系,雨过天晴,友谊倍加深厚与珍贵

# 一、早年的中南两党关系

1948年,中国共产党还处于国内解放战争时期,对苏联同南斯拉夫的关系了解甚少。中国共产党是共产国际成员,但没有参加共产党情报局。1948年7月10日,中国共产党通过了一项决议,对共产党情报局《关于南斯拉夫共产党状况的决议》表示支持,并对南斯拉夫共产党和铁托进行了批判。1949年,对共产党情报局通过的第二个决议,即《南斯拉夫共产党在杀人犯和间谍手中》的决议,中国共产党没有表示支持,认为它是错误的。

1949年10月1日,中华人民共和国宣告成立。南斯拉夫于10月5日就承认了新中国,但迟迟没有着手建交,这无疑是因为南苏关系的破裂和铁托被斥为马列主义叛徒的缘故。1953年,斯大林逝世和南苏两国、两党恢复关系以后,1955年1月10日,中国和南斯拉夫发表建交公告,并于5月互派了大使。

1956年9月,中国共产党召开第八次全国代表大会。这是中国共产党夺取政权建立新中国后召开的第一次全国代表大会,有56个国家的共产党、工人党应邀派代表或观察员来华与会。鉴于1953年以后苏联共产党和东欧各国共产党都和南共联盟(1952年,南斯拉夫共产党改名为南斯拉夫共产主义者联盟,简称南共联盟)恢复了关系,中共向南共联盟发出了邀请。南共联盟应邀派出以中央主席团委员维塞林诺夫率领的代表团来华出席中共八大。大会期间,毛主席会见了以维塞林诺夫为首的南共联盟代表团,双方进行了友好诚挚的谈话。至此,中南两党也就正式建立了关系,并且顺利地发展。两国在政治、经济、文化各领域的合作有了迅速的发展。

## 二、中共批判南共联盟新纲领，两党两国交恶长达十年

1958年初，南斯拉夫共产主义者联盟发表了《南斯拉夫共产主义者联盟纲领草案》（以下简称《纲领草案》），拟经过讨论和修改后，于同年4月召开的南斯拉夫共产主义者联盟第七次代表大会通过。

南共联盟出台这个纲领有两个意图，一是把1949年否定了苏联模式并推行了自治制度以来的经验加以总结并提升到理论高度写入共盟纲领；二是针对1957年莫斯科12个社会主义国家共产党代表会议的"宣言"的观点，提出自己的不同的观点。《纲领草案》洋洋15万字，在当代世界重大问题、马克思列宁主义关于国家职能、无产阶级专政、党的作用等一系列重大理论问题上，阐述了南共联盟的观点。这些观点与当时苏共、中共及其他一些共产党的观点有不小差异。中共和苏共很快就做出了强烈反应。中共未派团出席于1958年4月22日召开的南共联盟第七次代表大会。同时中国外交部撤回驻南斯拉夫大使伍修权，把外交级别降为代办级，接着，两国各领域的合作也都停止了。

1958年5月5日，《人民日报》发表了题为《现代修正主义必须批判》的社论，作为一篇权威性的、在某种意义上是"定调"的批判文章发表。社论将《纲领草案》定性为"一个反马克思列宁主义的、彻头彻尾的修正主义纲领"。

《社论》指出：

"这个纲领草案在思想方法上是用诡辩代替革命的唯物辩证法，在政治思想上是用反动的超阶级的国家论代替马克思列宁主义的国家论，用反动的资产阶级民主主义代替革命的无产阶级国际主义，在政治经济学上是为垄断资本辩护，混淆资本主义和社会主义两种制度的根本区别。这个纲领公然背弃了马克思列宁主义的根本原则，与1957年11月莫斯科召开的社会主义国家共产党和工人党代表会议的《宣言》相对抗，同时也违背了南共联盟代表自己曾表示同意同年召开的64个共产党和工人党代表会议的《和平宣言》。

这个纲领草案把马克思和恩格斯所奠定的经列宁和其他马克思主义者加以发展的革命理论的基本原则，一概叫做'教条主义'，而南共领导人自称为教条主义的不可调和的敌人。

南共领导人所攻击的教条主义的最根本的是什么？就是无产阶级革命和无产阶级专政。纲领草案对社会主义国家和社会主义阵营加以丑化，对资本主义、帝国主义国家和帝国主义阵营加以美化。纲领草案恰恰符合帝国主义、特别是美帝国主义的需要。纲领草案所集中起来的一系列反马克思主义的修正主义观点，必须进行公开的、毫不留情的批判。"

此后，中国开展了一场对铁托修正主义的猛烈的、持续不断的大批判。

对于中国的猛烈批判，铁托未进行反击，而是由南共联盟二号人物、头号理论家卡德尔作出一些回应，并对中国的对内政策如人民公社等进行了批评。即使在中国最激烈批判南斯拉夫的时候，铁托在联合国仍极力主张根据联合国宪章接纳一切享有规定权利的国家加入联合国，特别主张承认中华人民共和国在联合国中的合法代表权利，指出，没有中国参加联合国无助于这个组织的正确工作。

1960年以后，随着中苏关系的不断恶化，赫鲁晓夫为了集中力量对付中国，减弱了对南斯拉夫的批判，进而采取了改善苏南关系的措施。接着赫鲁晓夫称南斯拉夫是"正在建设社会主义的国家"。

1963年，中共在同苏共展开的大论战中，《人民日报》连续发表了九篇评论文章，即著名的"九评"。其中第三评是《南斯拉夫是社会主义国家吗？》"三评"得出的结论是：南斯拉夫已实现了资本主义复辟。"三评"名为批判南斯拉夫，实为批判苏联修正主义集团。

## 三、苏联武装入侵捷克斯洛伐克，中南两国都坚决反对苏联霸权主义

1968年8月20日，苏联以捷克斯洛伐克有"脱离社会主义轨道和丧失社会主义成果的危险"为由，未经捷克斯洛伐克政府同意，悍然派出华约国部队进入捷克斯洛伐克，赤裸裸地用武力干涉捷克斯洛伐克内政。

8月23日，《人民日报》头版全版刊登了《人民日报》评论员文章和有关报道。题为《苏联现代修正主义的总破产》的评论员文章指出，"苏联叛徒集团内外交困，走投无路，悍然出兵占领捷克斯洛伐克。"指出，"8月20日深夜，苏联叛徒集团在人民群众受蒙蔽的情况下，出动大量飞机、坦克和地面部队，以突然袭击的方式对捷克斯洛伐克实行军事占领。这个赤裸裸的武装干涉行动充分暴露了苏联叛徒集团的法西斯狰狞面目，充分暴露了苏修的极度虚弱，宣告了苏联现代修正主义的总破产。"

8月24日，《人民日报》头版头条刊登了周恩来总理于8月23日在罗马尼亚驻中国大使举行的庆祝罗马尼亚国庆招待会上发表的讲话。周恩来总理说："中国政府和中国人民强烈谴责苏修领导集团及其追随者武装占领捷克斯洛伐克的侵略罪行，坚决支持捷克斯洛伐克人民反抗苏军占领的英勇斗争。"

8月30日，《人民日报》继续在头版全版发表题为《刺刀下的交易》的评论员文章，谴责苏联实行军事占领和用刺刀迫使捷克斯洛伐克就范。

南斯拉夫对苏军入侵捷克斯洛伐克的反应和中国一样强烈。铁托于8月21日就此事件向南通社社长发表声明说："未经合法政府的邀请和同意，外国军队就进入捷克斯洛伐克，这使我深感不安。这是对社会主义国家主权的侵犯和践踏，是对世界社会主义和进步力量的沉重打击。"

南斯拉夫还通过其他各种方式，强烈谴责苏联的霸权主义行径。

中国和南斯拉夫在反对苏联霸权主义上有共同语言，都有联合反霸的共同愿望和需要。

从中国方面来说，上世纪60年代中期中国同苏联东欧国家关系破裂，加上在"文化大革命"中推行的极左政策，中国在世界上同时与美、苏两个超级大国对抗，极需扩大反霸统一战线。中国共产党从扩大反霸统一战线的战略出发，需要改善同南斯拉夫的关系。从南斯拉夫方面来说，铁托对中国党和中国革命一向怀有敬意，尽管1958年后遭到中国狠批，但认为与中国共同反霸是正确的政策。

由于中、南双方交恶太深，所以改善两国关系的步子不能太快和太大。1974年，两国重新互派大使，交往层次从最基层逐步提高。1971年夏天，作者有机会陪同两个民间性质的代表团赴南斯拉夫访问，一个是由外交部主办、由北京市某区长为团长的"旅游团"。此时，"文化大革命"尚在进行中，组团时政治因素考虑得很多，团员有外交部苏欧司军代表、新侨饭店军代表、北京某厂造反派头头等。在访问中，宾主都有些拘谨，特别是中方有些团员由于没有外事活动经历，更显拘谨。但双方都努力做好增进了解、加强友谊的工作。另一个是文化部派出的中国芭蕾舞剧团，意在开展"芭蕾外交"。南斯拉夫观众认为，《红色娘子军》舞剧把人民解放斗争史实搬上芭蕾舞台一举，颇有创意，但舞台上的震耳枪声，使观众有点儿不适应。以上两个团访南，毕竟起到了民间亲善的作用。

## 四、毛泽东主席说铁托不怕压迫，像铁一样坚强

1975年，随后两国相互往来不断增加，并且级别不断提升，经过双方努力，实现了南斯拉夫联邦总理访华。

1975年10月6日，南斯拉夫联邦总理比耶迪奇应周恩来总理的邀请抵京对中国进行正式友好访问。邓小平副总理代表周恩来总理到机场迎接，并以周恩来总理的名义举行盛大的欢迎宴会招待南斯拉夫贵宾。10月8日，毛主席会见了比耶迪奇总理，同其"在亲切的气氛中进行了友好的谈话"。毛主席在谈话中说铁托不怕压迫，像铁一样坚强。

比耶迪奇总理的成功访华，毛主席的十分形象而又深刻的比喻，表达

了中国人民对铁托坚强意志的高度赞赏,使中南两国关系发展到更高阶段,将铁托访华提上了议程。

1976年间,在双方磋商铁托访华事宜时,南方多次试探铁托以国家总统和南共联盟主席的双重身份访问中国的可能性。中方则一直坚持铁托只以国家总统身份访问中国。因为如果接受南方的建议,就意味着中南两党恢复了关系,这在当时"文化大革命"尚未结束、极左思潮犹存的情况下是不能接受的。

1977年春,双方确定铁托以国家总统身份于1977年8月访华。中方在为铁托访华作准备的过程中,产生了一种认识,即从南斯拉夫的战略地位的重要性出发,从反对霸权主义斗争的重要性考虑,以及对南斯拉夫社会制度的重新认识,可以也应该恢复同南共联盟的关系,同时认识到,两党之间对一些问题有不同看法,不应成为不恢复关系的理由,但考虑到过去的关系,现在要恢复党的关系需要有一个过程。

1977年8月,铁托访问朝鲜民主主义人民共和国。南朝两国关系很好,两党也有良好关系。铁托的主要随行人员是南共联盟中央总书记多兰茨。南方曾征求中方意见:多兰茨总书记随同铁托访朝后是否可以随铁托到中国。中方表示欢迎多兰茨总书记随铁托来华访问。

## 五、铁托访问中国和华国锋访问南斯拉夫
——两个社会主义国家最高领导人第一次接触

1977年8月30日,铁托访问朝鲜后来到北京,对中国进行历史性的访问。当天《人民日报》发表社论说:铁托总统不辞辛苦,不远万里来我国访问,为促进和发展中南两国和两国人民友谊作出重大贡献。这是中南两国关系史上的重大事件。社论赞扬了铁托在反法西斯斗争中举行了震撼巴尔干的武装起义,同敌人进行了可歌可泣的斗争;赞扬铁托在国际事务中发挥积极作用,支持被压迫人民的正义斗争;赞扬铁托创导的不结盟运动,在国际舞台上已成为一支不可忽视的巨大力量。

首都机场彩旗飘扬，锣鼓喧天。当铁托带着南斯拉夫人民的真挚友情，迈着稳健步伐走下飞机、踏上中国大地时，这位老革命家内心的喜悦和激情溢于言表。在停机坪上华国锋主席和中国其他领导人上前热情迎接铁托总统。红地毯、仪仗队……一切都按最高、甚至破格的礼遇接待。铁托总统在华国锋主席陪同下，乘敞篷车经过天安门广场时，受到数万名群众的夹道欢迎。

　　两国领导人的正式会谈是在十分真诚友好的气氛中进行的。中国领导人称呼铁托为同志，并表示过去吵架的事过去了，现在双方都应向前看。铁托表示十分赞成。关于两党恢复关系问题，双方确定由李先念副主席和多兰茨总书记专门会谈。

　　华国锋在欢迎铁托的国宴上说："中国和南斯拉夫相距遥远，但相似的历史遭遇和今天面临的共同斗争，把我们两国人民联系在一起。我们两国人民相互同情，相互支持，相互鼓舞。近些年来，我们两国的友好合作不断发展，这符合我们两国人民的共同愿望和根本利益，也有利于世界人民的正义斗争。"

　　铁托在华国锋为其举行的欢迎宴会上致辞说："中华人民共和国吸引着全世界的注意，不仅是因为它是一个伟大的、世界上人口最多的国家，而且因为它在以毛泽东主席为首的中国共产党领导下，进行了一场持续了几十年的、现在还在继续的、对全世界具有历史意义的真正伟大的革命，还因为中国在国际关系中起着重要的作用。第二次世界大战后，中华人民共和国的出现改变了世界的政治地图。贵国革命的参加者和新中国缔造者们的英勇行为为南斯拉夫人所熟知，并且赢得了他们的尊敬。我们两国远隔万里，但是我们感到，尤其是在第二次世界大战期间，我们两国人民的革命和斗争有着相似的目标。我们都曾为反对占领、反对帝国主义、反对本国的叛国分子和为建立一个新的、更公正的社会制度而战斗。"

　　铁托说："历史在判断任何人民或国家是否伟大的时候，不论这个人民或国家是大是小，首先是根据它对人类总进步所作的贡献，根据它对改造世界，推动世界朝着劳动人民的解放和各国以及各国人民的自由方向发

展所作的贡献。中国人民在其漫长的历史过程中，通过他们为结束中国的半殖民地和半封建状况而进行的长期革命，使自己属于对人类进步贡献远远超出了自己国界并成为人类共同财富的那些人民。"

铁托在祝酒词中意长情深地回忆起两国人民的遭遇和相互同情的难忘过去。他说：

"南斯拉夫各族人民在许多方面同你们相似。南斯拉夫人民也曾遭受了几百年外国入侵的蹂躏。虽然我们是在彼此相隔遥远的地方和在不同条件下进行斗争，但我们追求的是相同的目标——自由、民族独立、政治解放和经济解放。"

铁托表示："我们两国通过非凡的斗争和巨大的牺牲决定了各自的命运。在不同的条件下，我国和贵国都进行了真正的革命。我们把这一切看成是进一步发展我们的关系和合作的重要而积极的条件。"

铁托在北京的一项重要活动是瞻仰毛主席遗容。毛主席纪念堂的落成，包括纪念堂的内部布置和水晶棺的安放，是在1977年7月29日完成的。一个月以后，纪念堂举行落成仪式并对外开放。因此，铁托是在纪念堂对外开放前来瞻仰毛主席遗容的第一位外国领导人。当铁托站在毛主席遗容前默哀时，作者看到铁托脸上的表情非常凝重，直至走出纪念堂上车时，凝重的表情迟迟未消。毛主席于1976年逝世，而铁托的访华也因种种原因直到1977年才成行。两位历史伟人生前都有会晤的意愿，但未能实现，实为遗憾。

在北京访问期间，铁托出席了为其举行的专场体育表演，叶剑英副主席陪同观看表演。当铁托总统在叶剑英副主席陪同下出现在体育馆主席台上时，全场1万多名观众起立鼓掌欢呼。中国运动员表演了体操、乒乓球、羽毛球、武术等。这场体育表演是考虑到铁托喜欢运动和对中国运动的兴趣而特意安排的。

在北京访问期间，铁托总统在李先念副主席的陪同下，还出席了专场文艺晚会，中国艺术家表演了中国民族音乐和舞蹈，还用塞尔维亚语演唱了南斯拉夫的游击队歌曲。

在南斯拉夫，"中国城墙"——南斯拉夫人是这样称呼长城的，家喻户晓。游览长城是铁托的宿愿。北京的八月，骄阳似火，来自气候温和的亚得里亚海之滨、年过八旬的铁托对此视若等闲。铁托很想登上长城顶峰，但年龄不允许他这样做，尽管如此，铁托仍以"不到长城非好汉"的精神登上烽火台，饱览长城内外秀丽景色。铁托对中国人民的智慧和创造力赞叹不已。铁托喜欢自己动手拍照，他不停地拍下塞上风光。在即将离开长城的片刻，他情绪高昂地举起手中拐杖（铁托平时不用拐杖，这根拐杖是专为他上长城备用）作了一个挥剑前冲的动作，抒发出他内心无限激昂的情怀。

铁托的访问日程是北京—杭州—上海—乌鲁木齐—回国。所以，铁托离开北京时，中方在首都机场为其举行了隆重的欢送仪式，三军仪仗队接受铁托的检阅，机场上锣鼓喧天，红旗飘扬，数千名少先队员翩翩起舞。李先念副主席全程陪同铁托访问外地城市。铁托一行离开北京来到杭州。在北京同中国领导人的成功会谈和杭州人民的热烈欢迎，以及杭州这个"人间天堂"特有的东方秀丽景色，使铁托兴奋不已。到达杭州的当晚，他没有立即回卧室休息，而是和他的随行人员在客厅畅谈，兴奋所致，带头唱起了游击队歌曲，一曲又一曲，直至深夜。这是由于访问的成功而纵情歌唱，还是由于中南两国革命遭遇相似而引发对艰苦战争岁月的深情回忆，或是由于长期在国际共运中被打成"马列主义叛徒"，而今终于彻底正了名，并成为中国座上宾？

铁托在杭州的一个重要活动是访问驻扎在杭州郊区的闻名全国的解放军"硬骨头六连"。当主人告诉他访问这个连队的安排时，铁托高兴地说："好，我这个元帅明天去见见他们。"短短一句话，表达了他对中国人民解放军的深情。铁托穿上特意带来的元帅服，佩戴上特意带来的多枚勋章，来到六连驻地。六连指战员列队整齐地站在营房道路两侧接受铁托元帅的检阅。铁托迈着稳健的军人步伐，穿过英姿勃勃的指战员队列，按南斯拉夫人民军的军礼，向指战员们敬礼。六连所在的部队师长、全国战斗英雄李光善在连队陈列室向铁托介绍了英雄连队的成长和发展的战斗历程。六

铁托传奇

连是1939年抗日战争中以十几名红军战士为骨干在冀中组建起来的一个连队。在抗日战争和解放战争中，这个连队曾先后参加过150多次战斗，以敢于打头仗、打硬仗、打恶仗、打难仗而闻名全国。他们中间涌现出大批全国战斗英雄。铁托听后称赞不已。当看到毛主席接见六连全体指战员的照片时，铁托同站在身旁的六连指导员紧紧握手，表示祝贺。

在连队宿舍里，铁托摸着战士的木板床说："睡硬板床好，对身体有好处。我几乎一辈子睡硬床，起初在军队服役，后来坐牢。"接着铁托又观看了连队的军事表演。表演结束后，他走下检阅台，同战士们一一握手，表示祝贺，并说："我是军人出身，过了几十年军人生活，今天有机会参观你们连队，感到特别高兴。"

铁托一行结束对杭州的访问后来到上海。上海人民欢迎铁托的热烈程度比起杭州毫不逊色。

铁托在准备访华时，曾提出希望能到他向往已久的中国工人阶级摇篮——上海访问。铁托的这一愿望得到了满足。

在上海市领导人举行的欢迎宴会上，铁托在致辞中怀着崇敬的心情讲述他对上海工人阶级斗争历史的记忆，他说：

"我现在还记得，1925年和1927年上海大罢工的消息传到南斯拉夫，上海的无产阶级由于举行了起义和坚决果敢而同世界上千百万工人心连心。几年后，上海工人又奋起保卫自己的城市，反对外国占领者，从而证明他们深刻理解到争取社会解放和民族解放的斗争有着不可分割的联系。

"我还记得，在30年代我和我的同志们一起坐牢，我被判6年徒刑。当时我们获悉上海受到侵略。那时上海某种意义上是蒋介石的司令部，但我觉得蒋介石不懂得如何保卫上海。记得我们看着地图中的上海的位置，研究如何以最好的办法保卫你们的城市。

那时南斯拉夫工人阶级在资产阶级恐怖的条件下，为争取自己的权利进行了斗争。我们曾努力更多地了解上海无产阶级的斗争。我还清楚地记得，它当时给我们增添了多少信心，使我们相信我们并不孤立，全世界工人阶级有着相似的利益。尽管那时我们相互不了解，但这种相互声援的精神是能感觉到的。"

铁托对这段往事深情的回忆生动地说明,铁托同中国革命早已息息相通。

九月初的上海天气仍然很热。铁托不顾烈日当头,兴致勃勃地参观了上海郊区的周西人民公社。他走过棉田,来到农机站、合作医疗站,聚精会神地听取公社干部的介绍,并提出许多问题。最后,他向公社赠送了一台南斯拉夫制造的彩色电视机。在当时,彩色电视机还很稀少,而且又是南斯拉夫制造的,所以是很珍贵而又很有意义的礼物。

铁托一行结束访问上海后抵达乌鲁木齐市,乌市几乎倾城出动欢迎铁托,维吾尔族等兄弟民族的姑娘和小伙子穿着鲜艳的民族服装,载歌载舞。在晚宴上,赛福鼎副委员长送给铁托一件维吾尔族袷袢和一顶花帽,铁托当场披上绚丽多彩的袷袢,戴上别致的小花帽,走上讲台致祝酒词。铁托亲切友好的举动使宴会气氛更加热烈,宾主感情更加融洽。

1977年9月8日,铁托结束对中国的访问回到贝尔格莱德。从机场到铁托官邸沿途,约50万群众夹道欢迎铁托归来。铁托在机场上发表讲话说:

"和中国领导人进行详尽、开诚布公的和友好的会谈,是我们两个社会主义国家之间第一次高级直接接触。我们一致认为,南斯拉夫社会主义联邦共和国和中华人民共和国之间的关系应以相互充分尊重主权和领土完整以及互不干涉、平等和尊重两国不同的发展道路和形式等项原则为基础。从这一点出发,我们一致同意都应向前看,更加有力地促进经济、科技和其他领域的合作。一致同意就当前国际关系中的一些问题交换意见。在探讨范围广泛的国际问题时,在其中许多问题上,我们的立场是相同的或接近的。

这次访问加强了我们的信念,就是我们两个社会主义国家的密切合作不仅对加深相互了解和加强中南友好,而且对扩大国际关系中的谅解和信任,都具有重大意义。这对世界和平来说具有深远的意义,因为中国是一个大国,它的国际作用十分重要。它今天专心致志地致力于找到更快发展

经济和取得全面繁荣的道路。"

铁托访华后，1978年3月，以中共中央对外联络部副部长李一氓为团长的、有资深经济学家参加的中国共产党党的工作者访问团赴南斯拉夫进行深入考察，以增进相互了解。1978年6月，南共联盟召开第十一次代表大会，中共中央向大会致贺电，这标志着中南两党关系正式恢复。

铁托访华和中南两党关系的恢复，对中南两国两党都是具有重大意义的事件。邀请铁托来访和恢复中南两党关系，是中共中央的重大决策，是中国对外关系的重大突破，是对"文化大革命"中在对外关系方面极左路线的纠正，它成为中国共产党摆脱在国际上和世界共运中孤立状态的开端，拓宽了中共在党际关系上的工作面，扩大了反霸统一战线。同南共联盟恢复关系后不久，中共同意大利共产党、法国共产党、西班牙共产党等西欧的一些共产党相继恢复了关系。此后，中共同世界上一大批在当年大论战中断绝关系的共产党也相继恢复了关系。在此基础上中国共产党进一步拓宽了对外交往，同一些国家的社会党、社会民主党、民族主义政党建立了广泛的关系。

1978年8月20日，中共中央主席、国务院总理华国锋同志率中国党政代表团访问南斯拉夫，作为对铁托访华的回访。铁托也是以最高规格和礼遇接待华国锋一行。这次访问是中国党政最高领导人第一次对南斯拉夫的访问，对中南双方来说，都是意义重大。

铁托在欢迎中国代表团的宴会上说："相信华国锋主席对南斯拉夫的访问——中华人民共和国和中国共产党最高领导人第一次对南斯拉夫的访问，对南中两国的全面合作将是一个新的推动。"华国锋和铁托在讲话中都表示将继续努力为进一步发展两国、两党的关系开辟新的前景。

南斯拉夫为代表团安排了周密的参观访问计划。代表团成员分别参观了工业、农业等生产部门，从而增进了对南斯拉夫社会主义建设成就和经验的了解。此外，铁托还精心安排了特殊的、使两国领导人更加亲近的活动。

在访问后期，铁托邀请华国锋及代表团成员到布里俄尼岛聚会。布里俄尼岛是铁托专用的度假地。它位于克罗地亚境内，是离滨海城市普拉仅有数海里的一个小岛。岛上树木成荫，处处可见的亚热带椰树和橄榄树，给小岛增添了无限风光。布里俄尼岛之内岛——万加岛，是铁托居住的地方。铁托的宾客一般只到布里俄尼岛（即外岛），极少客人应邀进入万加岛。万加岛比外岛更加典雅幽静，一座用石头砌成的平房坐落在果园中心。这是铁托的住所。附近还有一些房子，里面陈列着打铁工具、电焊设备以及坦克、火箭等模型。铁托亲自驾驶电瓶车同华国锋主席一起来到果园。果园里葡萄满架，桃李满树，清香扑鼻。在果园旁的酒窖里贮藏着几百瓶各类陈酒。铁托拿出珍藏的陈酒与华国锋共同品尝，开怀畅谈。

铁托还为华国锋安排了游览亚得里亚海的活动。

8月26日，铁托陪同华国锋登上"海鸥"号教练舰。铁托从1952年起曾44次乘此舰出访34个国家，航程近10万海里。当"海鸥"号驶到著名旅游区罗维尼市附近海面时，空中12架战斗机，海上2艘军舰、4艘火箭舰、4艘鱼雷艇疾驶而过，向华国锋主席和铁托总统致敬。铁托指着这些飞机和军舰说，这些飞机和军舰都是南斯拉夫自己制造的，对保卫近海很适用。

铁托在为华国锋送别时说了很多依依难舍的话，最后说："北京再见！"这不是客套话，是铁托对中国、对北京的深切感情，也是铁托真心想再去北京的言表。

铁托去世后，南斯拉夫领导人继承铁托的遗志，继续同中国保持密切的友好合作关系，两国、两党的高层来往不断。时任南斯拉夫党政最高领导人相继访华。1982年中央政治局委员彭真出席南共联盟十二大。1983年胡耀邦总书记率中共代表团访问南斯拉夫。1984年国家主席李先念率党政代表团访问南斯拉夫。1986年中央政治局委员习仲勋出席南共联盟十三大。这种高层来往持续到80年代末因南斯拉夫政局动荡而中断。

## 六、中国在改革开放初期掀起借鉴南斯拉夫经验的热潮

1978年末,中国改革开放初期,国内迫切需要借鉴外国经验。铁托的成功访华和中南两党关系的恢复以及人们对南斯拉夫社会主义建设成就的真正了解和重新认识,使人们把目光集中到南斯拉夫,在国内一时掀起了借鉴南斯拉夫经验的热潮。

当中国党政代表团访问南斯拉夫时,通过访问和参观了解到南斯拉夫有不少可供中国借鉴的经验。如铁托在同代表团交谈中,真诚地介绍了吸收外资和外国技术的经验,这对我们一向以"既无内债,又无外债"而自豪的理念来说,是全新的启示。又如代表团参观了"贝尔格莱德农工联合企业",了解到农工生产一条龙的大规模生产并用多种形式把周围个体农民联合起来的新模式,也给中国人以很大启发。

1979年以后,一些省市、一些部门以及一些经济学家纷纷前往南斯拉夫,对南斯拉夫的经济体制、计划制度、商品经济和市场理念、引进外资等各个方面进行了详细的考察。这些考察对我们借鉴外国经验、拓宽思路起到积极作用。但也存在重复和扎堆的现象。当时曾流传一个笑话:BKB(贝尔格莱德农工联合企业)的奶牛都学会了说中国话"你好"。

1978年春天,中国社会科学院的世界经济研究所成立了"南斯拉夫经济研究会"。由中国社科院民族研究院牵头,成立了"南斯拉夫民族问题研究会"。这些研究会积极展开工作,编写或翻译出版了大量有关论文。《人民日报》、《世界知识》杂志、《当代世界》杂志等报刊经常发表有关南斯拉夫的文章。1980年,人民出版社出版了《铁托全集》中文版四卷本。

# 工作生活婚姻家庭篇

——见闻与印象拾零

# 一、独特的国务活动方式

## 热热闹闹的巡视活动

铁托在位时,坚持定期到全国各地进行巡视工作,按计划,一般每年都要访问一个共和国,或参加退伍军人大会、历史重大事件纪念会,或同当地领导干部座谈,同当地人民群众见面。这种活动搞得有声有色,热热闹闹。铁托所到之处,都有成千上万的群众夹道欢迎。铁托和夫人约万卡乘敞篷汽车,向群众频频招手。通常还要开群众大会,铁托都要在大会上发表讲话,讲话内容涉及面很广:对反法西斯战争的回忆、南斯拉夫经济建设成就、各兄弟民族团结、国际问题等,当然,因时因地会有不同。铁托演讲语言通俗简明,往往情绪激昂,声调高亢,信心十足,有号召力,有鼓动性。会场上不时爆发出经久不息、雷鸣般的掌声,伴随着有节奏的欢呼声:"我们是铁托的,铁托是我们的。""铁托同志,我们向您宣誓,我们绝不偏离您的道路。"有一年,铁托专程前往老解放区——铁托乌日策。他和老游击队员一起,围坐在篝火旁,吃烤全羊,唱游击队歌。第二天,铁托在乌日策举行的盛大集会上发表了长达40分钟的即席讲话。

## 铁托生日和青年节一起过

5月7日是铁托的生日,5月25日是南斯拉夫青年节。南斯拉夫每年都把这两个节日巧妙地安排在一起庆祝。庆祝活动都搞得红红火火,朝气蓬勃。通常从3月份起就开始传递"青年团结友爱"接力棒。各民族先进青年代表按设定的路线经过6个共和国和2个自治省传递,最后在庆祝大会上将接力棒交到铁托手中。1979年,铁托去世的前一年,接力棒从南斯拉夫最北端斯洛文尼亚共和国的一个小城市开始传递,最后传到最南端的科索沃自治省。5月25日那天,在"游击队"体育场有数万人参加的庆典上,铁托与夫人约万卡盛装出席。一名来自科索沃的阿尔巴尼亚族女青年把接力棒交到铁托手中,然后高声说:"几十万青年的手握过这个接力棒,

走过我们可爱祖国的山川,带着我们最真挚的愿望,衷心向您祝贺 87 寿辰。我们要用您的语言和您的心声说:任何人都不能征服这个国家和它的人民,今天不能,明天也不能,永远不能!"铁托发表讲话,祝贺青年节,并感谢全国人民特别是青年对他的生日祝贺。铁托鼓励青年珍爱民族团结,积极努力,为国家的建设和发展贡献力量。会场上响起海潮般的呼声:"铁托—铁托","铁托是我们的,我们是铁托的。""铁托同志,我们向您宣誓,我们绝不离开您的道路。"

接着由万名青年表演了题为"一代自治者"的大型团体操。

除上述活动外,铁托和夫人还要在很多活动中露面,如国庆、历史上某重大事件的纪念日、数十次的出国访问和数十次的接待外国首脑到访。国家元首出国访问,夫人随行,这在当年共产党国家是不予考虑的事,但铁托一直坚持这样做,而且在所有这些公开活动中,都十分注意自己和夫人的仪表。这一点在当年曾是西方媒体热议的话题。铁托穿的西服或元帅服,面料是最高档的,做工是极精细的。南斯拉夫的一位前领导人曾这样形容:每一次活动他都穿得整整齐齐,他的衣服崭新而时髦,没有一丝皱纹或污迹。西方媒体津津乐道地评论铁托穿西服或元帅服都是如何的威风和潇洒。铁托的老战友回忆说,铁托在战争年代,即使在被德军围困的危急情况下,每天早上起床,照样把胡子刮得干干净净的。铁托曾回忆说,他在幼年的时候就很羡慕仪表整齐的人,曾想长大后当一名裁缝,为父亲和兄弟缝制出漂亮的服装。

铁托夫人约万卡的服装和发型总是华丽时尚,光彩夺目,显示出总统夫人的雍容华贵。听南斯拉夫的老百姓说,贝尔格莱德妇女的服饰和发型变化都是跟随着约万卡走的,因为约万卡的服饰和发型是跟着巴黎走的。

铁托在处理党内斗争和国际斗争的重大问题中,有时会把内部问题和内部讨论情况诉诸公众;有时在成功出访归来时,会组织数十万人欢迎。这是铁托的独特工作方式。

举几个例子。

1948年6月28日，共产党情报局通过了《关于南斯拉夫共产党状况》的决议，决议对南斯拉夫领导人进行了一系列谴责，公开号召南斯拉夫人民推翻铁托集团（本书第三篇已有详细介绍）。铁托没有惧怕这个决议，断然决定于6月30日在南斯拉夫发行量为50万份的第一大报《战斗报》上全文发表这个决议。同时也发表了南共中央对这一决议的回应。把这两个东西同时摆在人民群众面前，相信人民群众的判断，这种做法也是苏联始料不及的。

1954年1月，南共联盟召开非常中央全会，专门讨论南共联盟中央领导人吉拉斯搞资产阶级自由化的问题（本书第四篇已详细介绍），中央全会完全向群众开放，贝尔格莱德广播电台直播全会实况，各单位、机关组织员工收听并讨论。这种做法在执政的各国共产党中，几乎是从未有过的。

1977年9月，铁托对中国进行了历史性的十分成功的访问后回到南斯拉夫时，机场上和沿路有50万人欢迎铁托胜利归来。铁托在机场上发表讲话，高度评价这次访问。

1979年9月，铁托在哈瓦那第六次不结盟首脑会议上为维护不结盟运动的团结付出了巨大努力，作出了杰出贡献。回国时有60万人夹道热烈欢迎铁托胜利归来。

铁托用这种方式和人民群众共享成功的喜悦，以此扩大铁托在国内外的影响。这种做法在其他国家也是罕见的。

1962年5月，铁托在克罗地亚的斯普利特市的一次公开讲话中，把1950年改革开放后出现的腐败现象，在群众面前揭露出来。铁托说：对那些在国外待了一阵很快就有了小汽车的人，我不禁要问，这怎么可能，我不相信靠差旅费就能买得起小汽车，显然是有问题的。在国外有秘密存款的情况是存在的，对此我们要整顿。有人在同外国人接触中出卖我们的经济情报，我们必须采取更有力的措施加以制止。

谈到一些人利用职权出国旅游的现象时，铁托说：一些人没有必要地出国旅游，在外国逗留数月，瞎花钱。对这些人必须采取措施加以限制。

谈到分配不均、收入差距大的问题时,铁托说:我们这里的工资差距达到不可容许的比例,在一个工厂里,最高工资与最低工资差距竟达到19倍,简直不可理解。必须采取措施加以解决。

铁托亲自出来讲民众关心的、容易引起民愤的事情,增强了民众对铁托的信任。

## 二、工作作风和生活习惯

据曾与铁托共事过的前南领导人回忆:铁托智力过人,思维敏捷,逻辑严谨,目的明确,具有超凡的魅力;铁托以其广泛的知识和敏锐的理解力而出类拔萃;铁托处理公务很利索,要求办事一丝不苟,一贯反对拖拖拉拉;铁托对下级要求很严格,但从不骂人,只有对敌人,特别是在战争中,表示仇恨和蔑视时,他才会骂;铁托很幽默,有时喜欢开玩笑,当玩笑成功时,他会尽情地笑,有时会笑得流出眼泪。

上世纪50年代初,曾任铁托的秘书、南共联盟中央委员德杰尔对铁托的起居和生活习惯作了详细描述:

"在夏天,铁托起床很早,5:30起床。在冬天,他7点起床。起床后首先做半小时的瑞典式体操,这是他小时养成的习惯。铁托刮脸、盥洗等大约需要半个小时。不管什么天气,下雪、下雨或晴天,他都要到花园去散步。铁托不太讲究饮食。他的厨师是达尔马提亚人,战争时的一个游击队员,从1943年起就为铁托做饭。铁托早餐喝咖啡,吃面包、牛油和蛋卷。午餐喜欢吃中欧菜肴,偶尔吃家乡扎果列饭菜,一种用酸奶做的浓鸡汤和用酸奶酪做的家常饼。铁托在吃饭时不大喝酒。夏天一般喝啤酒,偶尔喝汽酒或加水的酒(比乃达)。

8点吃完早饭后,铁托很快就到办公室,顺便看一看他的金丝鸟,喂点食,添点水,然后在办公桌前读晨报,他读得很仔细,特别是有关南斯拉夫的文章和新闻。他对读者来信特别感兴趣,因为这些信件常常表达人民的情绪。

铁托阅读南斯拉夫通讯社的所有新闻稿。新闻稿刊登美国、英国、法国、德国和俄国所有世界主要通讯社的新闻。值得一提的是，他的秘书不用把重要的消息标出来或者做什么记号，因为铁托总是把新闻稿从头读到尾。按时送给铁托的外文报纸有《泰晤士报》《纽约时报》《纽约先驱报》《经济学家》《外交》季刊、《真理报》等，铁托都读得很快，能立即抓住重要的内容。铁托一边抽烟，一边看报。以前他抽很多烟，现在每天大约抽20支。

看完报纸，铁托开始阅读文件。每天上午秘书们把所有文件内容摘要列成一个单子，并将写有摘要内容的小纸片钉在原文件上。铁托阅后用蓝铅笔写上处理意见。

看完报纸和处理完文件，铁托就开始办理公务，批阅驻外代表的电报，研究正在起草过程中的各项法案。上午他还要会见一些官员，商讨一些大事。他还经常接见来自南斯拉夫各地基层的代表团或个人，一年需要会见数千人。"

铁托不反对用他的名字命名地名或机构名。贝尔格莱德最繁华的一条街取名为"铁托元帅大街"后，反法西斯斗争中革命根据地乌日策，在解放后取名为"铁托乌日策"，黑山共和国首府取名为"铁托格勒"。一些组织机构也用铁托的名字命名，如校址设在铁托家乡的南共联盟中央党校取名为"约瑟普·布罗兹·铁托政治学校"。救助儿童上学的福利机构命名为"铁托基金会"，铁托个人曾为这个基金会捐款2万第纳尔。

曾经是铁托身边的重要人物对这个问题作如下理解：南斯拉夫革命是在铁托领导下进行的，因此用他的名字就成了革命的象征，就好像在一些国家，革命领袖的名字就成了某个时期的象征一样，例如美国的华盛顿、英国的克伦威尔、印度的甘地等等。在南斯拉夫，铁托也没有被比喻做太阳，铁托也没有被说成是"上帝派来的人民领袖"。这一切在南斯拉夫不存在，这也是铁托的观点。

## 三、婚姻和家庭

铁托有过三次婚姻。

第一次婚姻是在1918年，在俄国的西伯利亚地区生活时与年仅16岁的俄国姑娘彼拉吉娅·贝洛乌索娃结了婚。1920年铁托从苏联回国时把她带回克罗地亚。铁托和彼拉吉娅生有两男一女。第一个男孩生下7天得了痢疾不幸夭折，女孩2岁时得了白喉病死了，最后一个儿子活了下来，名叫扎尔科。1928年铁托被捕入狱后，彼拉吉娅带着儿子回到苏联。据说彼拉吉娅在苏联的一次清洗活动中被捕入狱。扎尔科在福利院里长大。第二次世界大战爆发后，扎尔科参了军，在保卫斯大林格勒战役中失去一只胳膊。

第二次婚姻是在1937年春天。铁托在从事地下工作时与名叫赫尔塔的斯洛文尼亚大学生结了婚，并生有一子，名叫米什科。1941年春天，铁托和赫尔塔分手。儿子米什科后来成为一名工程师。

第三次婚姻是在1952年，铁托与一个名叫约万卡的姑娘结了婚。约万卡出生于1923年，比铁托小30岁，是塞尔维亚农村女孩，只上过小学。约万卡很小就参加了游击队，做医务护理工作。1946年，约万卡从利卡第六师被挑选出调到为铁托服务的班子里工作。1951年铁托生病，约万卡有机会近距离地为铁托服务。约万卡的护理工作做得无微不至，使铁托对她的工作十分满意，从而产生好感。1952年元旦，铁托和约万卡举行了婚礼。婚后约万卡被送到专门的学校学习，以提高她的文化素质，去掉她的"村姑"习气，适应总统夫人的身份。铁托和约万卡没生孩子，据说婚后约万卡想要孩子，铁托不愿意。

铁托严格要求自己的亲属，包括自己的夫人，不许他们搞任何特殊化。

约万卡从来没有担任过任何职务，更不用说领导职务。她的职务就是总统夫人，对内照顾好铁托的生活、健康，对外以夫人身份陪同总统参加各种活动。在婚后 20 多年里，约万卡一直是踏踏实实地做好夫人工作，没有任何暇思。70 年代中期，令世人意外的是，传说铁托已与约万卡分居了。1977 年铁托访华时一反往常，没有带夫人出访，这就证实了铁托与约万卡不和而分居的传闻。约万卡到底出了什么事，没有正式的说法。西方媒体传闻很多，有的说约万卡是亲苏分子，有的说约万卡与塞尔维亚将军密谋，企图篡夺塞尔维亚高层领导干部的任免权，还有说约万卡与总统卫士长有暧昧关系等。真实原因不得而知。

铁托的长子托尔科战后回到南斯拉夫后独自生活，除享受残疾军人待遇外，没有任何特殊照顾，平时不露面，过着和普通老百姓一样的生活。次子米什科在克罗地亚一家工厂里任工程师，作风朴实，从不因自己是铁托的儿子而突出自己，已婚，生有一男一女。儿孙们平时很少和铁托来往，只是逢年过节，才到官邸看望父亲。铁托曾说，和儿孙在一起，是他的最大享受。约万卡的父母是贫苦农民，约万卡的两个妹妹处境艰难，但约万卡只是帮助她们受到教育后，让她们独立生活。

老百姓对铁托亲属没有搞特殊化普遍反应很好。

## 四、官邸和别墅

铁托的官邸位于贝尔格莱德近郊德迪涅区乌日契卡街 15 号。这个区解放前是富人贵族居住区。街道两旁都是带花园的小洋楼，宁静而优雅。铁托官邸占地面积 10 多公顷，被覆盖着爬墙虎的高墙围起来，平时大门紧闭，路人看不见里面的花园和楼房。老百姓都知道铁托住在里面。墙外的道路上人们可以随便走动，表面上看不出警戒森严的景象。院子里树木茂盛，有高耸的银松，壮实的菩提，挺拔的白桦。院子里的主楼是一栋不大不小、十分雅致的白色欧式楼房。院里时时能听到杜鹃和孔雀的叫声。

主楼的楼上是铁托的卧室。楼下是办公室、餐厅以及藏书约有 9000 册的图书室。图书室最多的书籍是哲学、经济学和军事科学的著作。从主楼沿弯曲小道走 30 多米，有一栋木制结构的小屋，里面有咖啡屋和小作

坊。小作坊里摆着一台精美的小型车床,边上整齐地排列着各种小工具。车床和工具干净,美观,看来更多地是为了观赏。铁托空闲时,来此开动机器,生产些梳子之类的小产品。再往右边几十米,有一栋小木房,是铁托猎获物陈列室。里面陈列着好几只黑熊的标本以及不少野鹿、山羊、山鸡等动物标本。再往反方向走,便看到铁托的花房。铁托不时来这里赏花、种花。

1980年5月铁托逝世后,铁托官邸改名为"约·布·铁托纪念中心"。纪念中心由两部分组成:一部分是官邸中心的花房,也就是铁托的墓地,这是遵照铁托生前的意愿安排的;另一部分是官邸的其它部分,包括铁托起居和办公的主楼、咖啡屋、小作坊、猎获品陈列室及整个庭院。"铁托纪念中心"开放后,南斯拉夫人民群众风雨无阻地天天排着长队到铁托墓前瞻仰。从纪念中心开放之日到铁托逝世三周年,瞻仰者达600万人之多。

人们在瞻仰铁托墓之后可根据自己的意愿,随讲解员参观铁托故居。讲解员向参观者介绍,铁托总统就是在这里工作生活了数十年,他的起居和工作都非常有条理。早上起床洗漱刮胡子后,就独自漫步来到咖啡屋,自己动手煮咖啡,然后边喝咖啡边读报。上午8点进早餐后,便来到办公室,上午9点至下午1点审批请示报告,批阅文件,阅读南通社新闻稿以及外国主要通讯社新闻稿。中午2点进午餐,下午接见一些部门领导人。晚餐比较简单,不外乎奶酪加法兰克福香肠。晚上通常看一场电影。

讲解员指着办公室墙上挂的列宁像说,铁托最敬佩列宁,是他要求在办公室里挂列宁像。讲解员在办公室里指着一张偌大的办公桌说,这张办公桌是遵照铁托的要求专门定做的,一个抽屉都没有,铁托的文件统统放在桌面上,便于及时处理,不至积压。讲解员又指着墙角上放着的几个箱包说,这些箱包是铁托出访时用的,每次出访他都亲自收拾行李。

在克罗地亚的沿海古老城市普拉有一个小岛名叫布里俄尼,是专供铁托享用的休假地。据说南斯拉夫解放初期在外地还有一座供铁托专用的别墅,后来铁托主动退让出来。

布里俄尼岛的地中海风光和人工建造的舒适环境，堪称"甲天下"。布里俄尼岛之内岛——万加岛，风景更加美丽，堪称"万加甲布里俄尼"。万加岛是铁托到布里俄尼度假或开展外交活动的最佳地方。外岛——布里俄尼岛上的宾馆和各种设施都是一流的，不少国家元首访问南斯拉夫时，铁托都请他们到布里俄尼岛进行会谈并享受亚得里亚海的美丽风光。1956年7月，铁托和埃及总统纳赛尔、印度总统尼赫鲁三位领导人正是在这里会晤，产生了"不与集团结盟"的思想和主张，倡导了不结盟运动。1978年华国锋主席访问南斯拉夫时，铁托邀请华国锋主席到布里俄尼岛，并请华国锋主席到内岛——万加岛观光，这是最高的礼遇，也是最亲切的表示。

## 五、兴趣和爱好

铁托的爱好十分广泛。青年时代服兵役期间，铁托就是一名击剑能手和滑雪健将。他喜欢古典音乐，喜欢弹钢琴，能弹几首简单曲子。喜欢跳华尔兹，据说舞姿优美。他喜欢斯诺克，喜欢照相并自己冲洗，也喜欢打猎。随着公务愈加繁忙和年龄增大，空闲时间减少，铁托的兴趣就集中在打猎上。有时他会利用狩猎活动来展开外交活动，达到"一箭双雕"的目的。南斯拉夫是多山之国，野生动物繁多，尤其波黑地区，山高林密，盛产黑熊。铁托最喜欢狩猎黑熊。在官邸的陈列室，黑熊标本有好几只。为铁托服务的团队的一位成员曾告诉作者，猎获黑熊是很复杂的事情，首先要在波黑山林里勘察好黑熊出没觅食的线路，并在那里盖起小木房，在房子附近投些食物吸引黑熊来吃，再寻机进入房内，伺机射击。听了这番解释，我才明白，原来狩猎就是守而猎之。

当年在东欧国家之间，狩猎也是开展外交的一种好方式。有一年铁托访问罗马尼亚，与罗马尼亚领导人在狩猎过程中进行了成功会谈。

1974年冬，铁托邀请各国驻南斯拉夫使节携夫人参加狩猎活动。由于中国驻南斯拉夫大使不会外语，作者有机会随同大使参加活动。猎场在离

铁托传奇

贝尔格莱德约50公里的平原地区，这是南斯拉夫王国时代留下的皇家猎场。场里种着成行的玉米，一望无边。里面养着许许多多山鸡、野兔。上午9点，各国大使先后来到猎场。铁托和夫人在猎场内的高级宾馆里迎接来客。10点，大使们登上马车，前往靶场。大使夫人们与猎场无缘，留在宾馆内由总统夫人陪同闲谈。大使们各就各位，子弹上膛。忽听见几拨小战士从四面八方大喊大叫，刹时间山鸡纷飞，野兔乱跳。大家忙着瞄准射击，山鸡纷纷中弹坠落，野兔接连倒下。第一轮射击结束后，有专人收集战利品，用马车送过来供大使们观赏。然后大家转移到新靶位，开始新一轮射击。如此轮换几个靶位后狩猎活动结束。铁托与宾客会师，共饮"庆功酒"。

晚上8点，铁托举行盛宴，款待来宾。在大厅里，餐桌摆成一个大圆圈，中间做为席间文艺表演的场地。铁托夫人坐在铁托右边，南共联盟中央总书记多兰茨坐在铁托左边。宴席上有野味佳肴，陈年美酒。席间除有轻快的歌舞节目外，有两个节目据说是铁托亲自点的。一个节目是魔术，只见一位衣冠楚楚的先生上前同各位大使握手致意，之后回到场中央，问哪位大使的手表"飞"了。一些大使惊呼：手表没了。这位先生把手表一一归还原主。据说此人原是窃贼大盗，后改邪归正，当上魔术师。铁托很喜欢看他的表演。另一个节目是抽奖，铁托身边的多兰茨抽到了一个签，上写着"活猪"，服务员立刻把关在笼中的小活猪送给多兰茨。多兰茨身体十分肥胖，当他接受奖品时，铁托哈哈大笑，多兰茨也轻松地笑着。多兰茨不会如此巧合地抽到此奖品，除铁托外，没有人敢开这个玩笑。从这里也可以看出铁托同身边的同志关系很融洽。

宴会持续至午夜，又重上一道夜宴饭菜，直至凌晨3点，铁托才与宾客一一道别。

# 与病魔抗争篇

——钢铁元帅为了全民族利益坚强地接受截肢手术

1979年9月，87岁高龄的铁托跨远洋赴古巴首都哈瓦那，出席第六次不结盟国家首脑会议。会议期间，为了维护不结盟运动的团结，铁托进行了大量的紧张的工作。由于过度操劳，加上长途跋涉，铁托回到贝尔格莱德后，因身体不适住进医院。经过一段时间的治疗和休养，铁托健康状况有所改善，出院回家。1980年元旦前夕，贝尔格莱德电视台播放了铁托和家人及南斯拉夫高层领导人在官邸中欢聚一堂共庆新年的镜头。

1980年1月10日，铁托又住进了医院。经卢布尔雅那医疗中心确诊，铁托患有左腿动脉损坏的病症。

1月12日，铁托接受了左腿血管手术。虽然手术进行顺利，但术后左腿动脉损坏问题未能解决。

据南斯拉夫报纸报道，铁托医疗小组认为，由于铁托的病情严重，必须实施截肢手术，因为这是保住铁托生命的唯一措施。

此间，南共联盟中央曾建议铁托到国外接受治疗，铁托没有同意。

1月15日，南共联盟中央开会，讨论铁托的健康问题，一致同意医疗小组为恢复铁托健康采取截肢手术的措施。当铁托得知必须截肢时，曾表示难以接受。经医疗小组的详细说明，铁托接受了医疗小组的建议和南共联盟中央的意见。铁托说，为了全民族的利益，同意接受截肢手术。

1月19日，铁托医疗小组公告：铁托的左腿状况继续恶化，动脉严重损坏，血液循环中断，肌肉组织迅速坏死，危及生命。

1月20日，医疗小组对铁托左腿进行了截肢手术。医疗小组公告称，总统坚强地接受了手术，手术进行顺利。

1月20日，南斯拉夫报纸报道，铁托生病期间，南斯拉夫全国各地成千上万工人、农民、学生、军人、老战士，各工厂、机关的党组织纷纷写信或致电铁托和南共联盟中央，衷心祝愿铁托早日恢复健康，表示决心加强团结，保卫祖国。

1月26日，铁托健康有所好转。在医院里高兴地接见了南斯拉夫党政高级领导人，听取了他们关于国内外形势的汇报。

2月5日，铁托医疗小组公告：铁托健康继续好转。南斯拉夫《战斗

报》报道称,随着铁托健康状况的好转,铁托开始关注国内的社会政治状况和世界上的重大事件,并且开始处理部分日常事务。

2月6日,铁托医疗小组公告:近日来,由于消化系统失调,总统的肾功能出现某种困难,铁托的健康恢复减缓。

2月11日,铁托医疗小组公告:在对总统进行治疗过程中,发现总统的肾功能障碍继续存在,同时出现心肌衰弱的某种迹象,对治疗产生困难。

2月21日,铁托医疗小组公告:总统的健康状况仍处于严重状态,为了克服近日出现肺炎引起的困难,正在采取积极措施。

2月23日,南斯拉夫外交部称,最近铁托致函美、英等国家领导人,阐述了自己对世界上热点问题的观点,呼吁:"为了恢复和推进作为普遍进程的缓和,为了加强世界和平与安全,国际大家庭和所有国家应作出最广泛的努力。"铁托曾于2月初审批了这些文件,并打算在出院后即签这些文件。但后来铁托的健康不允许这么做,铁托授权时任联邦主席团主席签发。

2月26日,铁托医疗小组公告:铁托的肺炎状况一直未减退,心律不齐时趋频繁,心率衰竭现象仍一直存在。

2月28日,铁托医疗小组公告:铁托的肺部和心脏出现明显的出血现象。

3月3日,铁托医疗小组公告:总统病情恶化,心脏进一步衰竭。

3月10日,铁托医疗小组公告:总统的肾功能损坏,病情继续发展,继续使用人工肾,出现全面内出血和心肌衰弱的现象。

3月18日,铁托医疗小组公告:总统病情进一步恶化,大量胃出血。

4月30日,铁托医疗小组公告:总统的黄疸病严重。

5月4日,铁托的心脏停止跳动。这位南斯拉夫联邦共和国宪法规定的南斯拉夫终身总统、南共联盟章程规定的南共联盟无任期限制的南共联盟主席,与世长辞,享年88岁。

# 葬礼篇

——来自126个国家的208个代表团参加了铁托葬礼

1980年5月4日铁托逝世。

南斯拉夫联邦执行委员会宣布：1980年5月4—10日为国丧日。

5月4日，铁托遗体从斯洛文尼亚共和国的卢布尔雅那市医疗中心用专列运送到贝尔格莱德，安放在联邦议会大厦中央大厅。

6—7日，南斯拉夫联邦的领导人和全国各地区各组织的代表轮流守灵。在两天两夜里，贝尔格莱德和全国各地的数十万民众走过铁托遗体旁，默默致哀，向自己敬爱的领袖告别。来自世界五大洲126个国家的208个代表团抵达贝尔格莱德，参加了铁托的葬礼。以华国锋主席为团长的中国党政代表团于5月6日抵南斯拉夫参加铁托葬礼。各外国代表团先后在铁托灵柩前敬献花圈，并递交代表团悼词。

8日中午1点，48门礼炮齐鸣42响，覆盖着南斯拉夫三色国旗的铁托灵柩车，由10名高级军官和10名工人护送，跟随在灵柩车后面的是铁托的夫人约万卡和两个儿子，以及南斯拉夫联邦和各共和国的党政领导人。送葬队伍从联邦议会大厦出发，缓缓地向安葬地行进。在长4公里的沿路两旁，排列着总统卫队队员和全民防卫队员（类似民兵），人们默默地、悲痛地送别总统。

下午2点30分，灵柩车到达德迪涅区乌日契卡街15号总统官邸。外国代表团先期抵达墓地，准备参加铁托遗体下葬仪式。

下午3点整，鸣枪三响，在联邦主席团8位委员和南共联盟中央主席团20多位委员的护送下，由8名卫士把浅黄色木质灵柩缓缓抬入花房，停放在白色大理石砌成的墓穴前。

下午3点15分，教堂的钟声响起，在庄严肃穆的气氛中灵柩被徐徐放入墓穴内。南斯拉夫领导人和外国代表团列队绕过墓穴向铁托作最后告别。

墓地周围摆满鲜花。白色大理石墓碑上刻着金光闪闪的名字：

**约瑟普·布罗兹·铁托**

出席葬礼的外国代表团规模之大、规格之高，可谓世界古今之最：208个代表团来自世界五大洲的126个国家，其中有31位总统，4位

国王，11 位议长，10 位副总统，22 位总理，12 位副总理，47 位部长，6 位王子。

在 208 个代表团中有 68 个政党代表团，其中包括非执政的共产党、工人党代表团，以及左翼的、自由民主的、保守的、宗教性的政党代表团。

此外还有 14 个地区性国际组织的代表团，如欧洲联盟、欧洲议会、阿拉伯联盟代表团等。

在这些代表团中不乏大国的最高领导人、国际上知名的活动家，如：

中共中央主席华国锋

苏共中央总书记勃列日涅夫

波兰工人党第一书记盖莱克

德意志民主共和国国务委员会主席昂纳克

罗马尼亚总统齐奥塞斯库

朝鲜民主主义人民共和国主席金日成

几内亚总统赛古·杜尔

叙利亚总统阿萨德

赞比亚总统卡翁达

坦桑尼亚总统尼雷尔

美国副总统蒙代尔

英国首相撒切尔

意大利总理科西加

西德总理施密特

日本首相大平正芳

印度总理英迪拉·甘地

等等

这样的葬礼场面令人钦佩无限：铁托一生的奋斗，使其超出一国领袖的范围，成为世界上最具魅力的人物。

铁托的名字闻天下，

铁托的传奇传天下，

铁托的朋友遍天下！

铁托去世的噩耗传到中国，中国人民也感到无比悲痛和惋惜。

1980年5月6日，人民日报第一、第二版整版刊登了中国党和国家领导人致南斯拉夫领导人的唁电、题为《深切悼念杰出的无产阶级革命家铁托同志》的社论、南共联盟中央和南斯拉夫联邦主席团讣告以及相关报道。

5月8日，天安门、新华门、外交部等地为铁托逝世降半旗。中国党和国家领导人前往南斯拉夫驻华大使馆吊唁。

在参加葬礼的中国代表团的悼词中写道：

"铁托的一生是无限光荣的、战斗的一生。他具有无产阶级革命家的远见卓识，英明果断的卓越才干和一切从实际出发的求实精神。他坚持真理，不畏强暴，他热爱人民，联系人民。"

《人民日报》社论写道：

"伟大的马克思主义者、杰出的无产阶级革命家、反法西斯战争的著名英雄、不结盟运动的创始人、南斯拉夫人民敬爱的领袖、中国人民尊敬的朋友铁托同志永垂不朽！"

# 后　记

　　1995年我退休后，总想多做些"发挥余热"之事，但从未想过写什么书。两年前有位老领导鼓励我写一本介绍铁托生平的书。我觉得言之有理，于是便动手写作。经过一年多的奋斗，于2012年夏天完稿。

　　写这本书使我获益匪浅：我重新启动了已老化的脑筋，进行了一场防止"老年痴呆症"的"实弹演练"，我的健康状况得到一次真实的验证，我又一次感受到"发挥余热"和"老有所为"之快乐。

　　在此，我谨向鼓励我的老领导、向关心并支持我的中联部休干局和有关单位的同志、向认可我书稿的当代世界出版社，表示衷心感谢。

作　者
2012年夏天